新创企业成长动能整合：网络关系行为与动态能力释放

薛　敏 / 著

中国商业出版社

图书在版编目（CIP）数据

新创企业成长动能整合：网络关系行为与动态能力释放 / 薛敏著. -- 北京：中国商业出版社, 2021.12
ISBN 978-7-5208-1993-0

Ⅰ. ①新… Ⅱ. ①薛… Ⅲ. ①企业管理 - 研究 Ⅳ. ①F272

中国版本图书馆CIP数据核字（2021）第258494号

责任编辑：于子豹　袁娜

中国商业出版社出版发行
（www.zgsycb.com　100053　北京广安门内报国寺1号）
总编室：010-63180647　编辑室：010-83128926
发行部：010-83120835/8286
新华书店经销
北京亚吉飞数码科技有限公司印刷
*
710毫米×1000毫米　16开　15印张　233千字
2022年4月第1版　2022年4月第1次印刷
定价：86.00元
* * * *
（如有印装质量问题可更换）

前言

传统的“组织与环境”共演研究表明，组织行为可以直接通达结果获得组织绩效的改变，实现组织对外部环境的适应以获得生存与发展。然而，随着外部环境的不确定性日趋加剧，组织行为所产生的结果并未达到企业所期望的绩效。由于企业与环境之间存在互动行为，网络关系的嵌入成为企业与环境互动的有效承载，即网络关系之间行为主体的链接与交互可以激活潜在主体、释放潜在能力等，进而促进组织获得长期绩效。纵观现有相关研究，基于资源基础观对动态能力的探索可获得诸多有效的成果，然而，新创企业由于面临新进入缺陷，网络关系嵌入下新创企业如何释放动态能力实现其生存与发展的研究鲜少涉及。因此，本书将网络关系作为企业与环境交互过程中的承载体，将网络关系嵌入作为新创企业行为研究的起始点。“企业与环境”交互过程中，网络关系行为推动新创企业将外部不确定的事物内化实现企业对外部环境适应的过程，进而推动企业与环境互动的能动性，即网络关系逐渐转变成新创企业可操作的、具有能动性的关系，最终达到长期绩效的结果。因此，本书基于“输入—过程—输出”这一普适性逻辑建立了“网络关系嵌入—悖论动态循环—动态能力”分析框架脉络逻辑，以网络关系、悖论动态和动态能力理论探索新创企业网络关系行为与动态能力释放的关系及内在作用机制。

本书具体研究了新创艺术机构组织网络关系行为与动态能力释放的过程以及作用机理，包含了新创网络关系对环境适应和能动的过程。

第一，通过模糊集定性比较分析的研究方法，基于半结构化访谈收集新创艺术机构组织中31位艺术家数据，深入探索并验证新创企业关键主体的网络关系行为对适应外部环境时的路径以及影响关系，即悖论视角下个体层面的网络关系行为实现动态能力由外至内释放的前提条件积累过程。

第二，采用纵向双案例对比研究方法，探索了组织层面网络关系行为对环境的适应过程，即悖论视角下新创企业网络关系行为对组织由外至内动态能力释放的前提条件积累过程研究。本书揭示了新创企业网络关系“聚焦—扩散—收缩”动态演化路径过程，新创艺术机构组织的学术网络关系行为和市场网络关系行为通过权变式或悖论式响应方式影响组织发展的过程以及内在机理，构建了网络关系动态演化路径与权变式、悖论式响应方式作用过程以及机理的理论模型。

第三，采用纵向单案例研究方法，探索了组织层面网络关系行为对环境的能动过程，即悖论视角下新创企业网络关系行为对组织由内至外动态能力释放的过程研究。

本书的创新点主要体现在：第一，提出网络关系嵌入下新创企业构建网络关系适应行为与网络关系能动行为。当前研究提出在竞争网络关系中建立行动逻辑以响应动态环境，本书明确提出网络关系适应行为和网络关系能动行为对动态环境的响应。第二，从新创企业网络关系行为中探索网络关系背景下不同情境的双元行为，构建了悖论动态循环过程，为网络关系与双元性、悖论理论提供全新的研究方向。本书对组织网络关系行为中的冲突行为进行探索，总结出网络关系行为中的双元行为，打开了悖论动态循环过程的黑箱，为网络关系、双元性和悖论的理论发展提供了新方向。第三，本书揭示了网络关系背景下新创企业通过网络关系冲突行为的互动，构建了悖论动态循环，推动了组织动态能力释放的前提条件积累和释放，打开了动态能力更为复杂的形成过程黑箱，重构了网络关系背景下动态能力的内涵。

本书各章的主要内容如下：第一章，绪论。第二章，企业成长动能整合的理论评述。第三章，新创企业成长动能整合的分析逻辑。第四章，新创企业关键个体网络关系行为与环境适应的动能整合过程。第五章，新创企业网络关系行为与环境适应的动能整合过程。第六章，新创企业网络关系行为与环境能动的动能整合过程。第七章，结论与展望。

本书得益于西华师范大学学术出版项目经费的资助，在此表示特别的鸣谢。

本书在出版过程中，获得了很多帮助。感谢电子科技大学经济与管理学院杜义飞教授、史轩亚博士、冷劲辉博士（原成都斯为美术馆董事长）、成都浓园文化艺术传播有限公司总经理蒋林，以及西华师范大学管理学院李其原教授、刘长江教授等。

由于作者水平有限，本书还存在一些有待完善的地方，欢迎广大读者批评指正。

作者

2021年9月

目录

第一章 绪 论

世异时移，变法宜矣，譬之若良药，病万变，药亦万变；病变而药不变，向之寿民，今为殇子矣。

——战国·吕不韦《吕氏春秋·慎大览·察今》

这句话是春秋战国时期吕不韦总结出的治国、经商名言，大致的意思是说随着环境的不断变化，也需要不断实施修订法令的行为。就如同疾病的千变万化，也要不断地进行药方的调整；疾病变化了，而药不改，以往可以长寿的人，现在也会短命夭亡。随着全球经济深度转型时期的到来，伴随着科学技术的快速进步、网络关系嵌入不断深入、市场需求与市场环境的变化使新创企业嵌入在高度不确定的外部环境中。若新创企业不能够在动态环境中实施恰当行为，便逃不过本可长寿但却短命夭亡的命运。只有那些能够通过创新行为，灵活适应环境变化的企业才能够在高度竞争环境中占有一席之地。从组织战略管理角度来看，这种不能够实施恰当行为的原因主要是在高度不确定的外部环境中，组织适应外部环境时由于网络关系的嵌入，其无法在当前通过传统的运营行为直接获取长期绩效的结果，而灵活变化的关键在于企业通过网络关系的嵌入产生网络关系行为，其行为之间循环互动建立悖论动态平衡进而促进组织由适应过程转向能动的过程，即实现企业的长期生存与发展。

本章节阐述的是研究背景与理论背景，研究问题的提出，并对研究方法、研究逻辑框架、技术路线和创新点作出简单介绍。

第一节 研究背景

一、网络视角下新创艺术机构组织动态能力现状

近年来，艺术品市场持续的活跃带动了企业资本对民营艺术机构组织的青睐，大量的民营艺术机构组织如雨后春笋般涌现出来，比如美术馆、画廊、艺术文化公司等。从民营艺术机构组织整体来看，如今的新创民营艺术机构组织面临着两种极端的发展状态：一种是机构组织人气爆棚，艺术品交易节节攀升，企业呈长期稳步发展态势；而另一种是因艺术行业的企业同质化严重，一些由于缺乏有效的外部网络关系链接而导致传播力度差以及缺乏特色的艺术品，在企业应对高度不确定的外部环境时，不堪重负，最终难逃没落的命运①（经济日报，2017）。也就是说在传统的“组织与环境”共演过程中，日趋动态变化的外部环境使得越来越多的新创企业行为活动无法直接通达长期绩效的结果，而是需要行为与结果之间有更多交互的承载，进而通达长期绩效。同时，由于互联网技术的快速进步与普及加快了全球经济的发展，建立了信息化时代，人与人之间、企业与企业之间的沟通过程被改变，比如沟通距离、沟通方式、沟通群体等，从而产生“地球村”。对于企业组织而言，互联网的发展改变了组织外部网络关系的构成，越来越多的关系网

① 经济日报—中国经济网. 年终盘点:2017年艺术品市场大事件背后的十大现象[EB/OL]. [2017-12-30]. http://www.ce.cn/culture/gd/201712/30/t20171230_27500399. shtml.

络参与到企业生存发展过程中，即企业与外部多元、动态的复杂网络关系之间形成互动（Granovetter，1985）。也正因如此，多元、动态复杂的网络关系环境使组织面临更多的挑战。传统组织由工业组织和社会组织两大类型构成，工业组织是一种经济组织，从事生产经营性的经济活动，追求经济效益，在运营过程中强调效率，通过线性价值链结构通达市场，其一般商品属性与交易法则可以实现与外部社会价值的交互与循环（泰勒尔，1997）；社会型组织广泛地嵌入到社会网络关系之中，在社会复杂的外部连接与互动中实现更为广泛的价值创造、承载、传递与释放（刘军，2007）。当前越来越多的组织在与环境互动过程中使组织嵌入在更多、更广泛的网络关系中，即当前越来越多的组织既有工业组织商业属性的嵌入，又有社会组织广泛属性的嵌入。艺术行业中新创艺术机构组织是典型的兼具两种属性的组织，因此对于新创艺术机构组织而言，在多元、动态的网络关系背景下，组织应对外部动态环境时通过行为获取长期绩效的难度有所增加。

艺术行业作为文化产业的重要组成之一，其是一个典型嵌入在多元、动态复杂网络关系中的行业。因为艺术与人产生紧密联系，承载着人与人互动的价值，被称为艺术的东西一定会和艺术家、鉴赏家、欣赏者、爱好者或收藏者、画廊经纪人等发生某种关系，并且艺术世界涉及的网络关系是复杂多元的，非单向性的（陈池瑜，2005）。我国市场经济快速发展，带动了文化产业的突飞猛进。同时，艺术行业中的艺术品是一种特殊的商品，它既有普通商品的商业性价值属性，又有特殊的艺术性价值属性。商业性价值可以用价格来衡量，艺术性价值的衡量却存在不确定性（Caves，2000；Hirsch，1972）。当前艺术市场是复杂、快速变化的，艺术品价值本身也具有高度动态性，其实现过程与网络关系变化息息相关（李春红，2013），只有网络关系的不断交互并吸纳更多的参与者才能更大化地实现艺术品价值（Alexander 和 Bowler，2014；Dalpiaz等，2016）。因此，艺术的属性决定了它需要广泛的社会网络关系做支撑（Alexander 和 Bowler，2014）。艺术机构组织（美术馆、画廊、艺术文化公司等）既是艺术品市场的关键组成，也是艺术品市场的一级市场。同时，艺术机构组织也是艺术文化创造、传播、释放的关键推动者，是艺术品交易的关键渠道（Eikhof 和 Haunschild，2007；Yogevt 和 Grund，2012），其对艺术行业的发展发挥了举足轻重的作用（冷劲辉，2017）。然而，我国艺术行业有别于其他国家，尤其是西方欧美发达国家。欧美国家的艺术发展当前已处于成熟期：民众较高的艺术认知水平、艺术市场的规范性、成熟的国家政策法规等。但我国艺术行业面临诸多挑战：民众对艺术认知的欠缺、艺术市场的发展还处于混乱无序中、政策法规不明晰等。因此，我国艺术行业既面临多元复杂的网络关系，又处在动态不确定的外部环境中，这给艺术机构组织的发展带来了巨大挑战。当前艺术机构组织的发展存在一个非常有趣的现象：在高度不确定的外部大环境中，同时期的新创艺术机构组织经历相同的外部环境，但他们在响应外部动态环境时有一部分艺术机构组织基于多元网络关系的嵌入与承载，保持组织网络关系之间持续的互动状态，不断激活潜在的潜力，获取更多的资源与机会，进而促进组织形成良性循环发展，达到长期生存与发展的结果，反之亦然。那么，在高度不确定的外部环境中，新创企业嵌入在多元复杂的网络关系背景下，其如何通过网络关系行为的交互实现长期生存与发展的结果呢？显然，这是一个非常值得深入探索的独特而有趣的问题。但是，现有研究还尚未充分解释这一问题。

本书以企业网络关系嵌入作为切入点，基于悖论视角对企业网络关系适应行为的动态循环驱动新创企业动态能力的前提条件，即由外至内的积累过程转向网络关系能动行为的动态循环驱动组织动态能力由内至外释放的过程以及作用机理研究，有助于深刻探析这些独特而有趣的问题。如新创企业通过网络关系适应行为中的冲突行为建立动态平衡如何实现组织动态能力释放所需前提条件的积累，以及网络关系能动行为中的冲突行为动态平衡如何构建组织由内至外动态能力释放，从而为组织在应对外部动态环境时，通过网络关系与悖论视角为组织达到长期绩效提供一个满意的答案。

二、研究理论背景

现有研究就网络关系、动态能力、悖论展开了丰富的研究，并取得诸多显著的成果，为本书奠定了坚实的基础。但研究文献依旧存在如下研究的可能：

第一，基于艺术行业中新创艺术机构组织独特现象对网络关系与动态能力研究的潜在机会。艺术价值是在艺术品与欣赏主体所构成的对象性关系中产生的，它与认知价值交叉，与道德价值相融。同时，在商品经济条件下形成与经济价值相关联，以审美价值为核心的多元价值系统（孟新东，1998）。有关研究显示商业社会中艺术的价值主要集中于学术与市场两种价值逻辑的融合（Eikhof 和 Haunschild，2007），艺术行业基于互联网情境下的商业模式创新同样关注艺术的商业性与艺术性两者价值的融合（冷劲辉，2017）。由此可见，当前艺术价值主要体现为市场性与学术性两种价值，但这两种价值之间具有冲突性（Eikhof 和 Haunschild，2007）。对于艺术价值的实现，有关学者从网络关系理论视角进行了研究，研究表明艺术价值的释放涉及多元网络关系的嵌入，其价值动态变化过程与网络关系变化息息相关（李春红，2013），只有网络关系的不断交互吸引更多的参与者才能促进艺术价值的释放（Alexander 和 Bowler，2014；Dalpiaz等，2016）；另外有学者从制度逻辑方面进行了探索：艺术逻辑被经济逻辑所利用时，经济逻辑往往会排斥艺术逻辑，这与早期制度逻辑研究中所涉及的主导逻辑相一致（Hoffman，1999；Lounsbury，2005；Rao 和 Durand，2003；Dunn 和 Jones，2010），随后有学者研究指出，组织一系列的行为活动促进商业与艺术逻辑的融合，才能推动艺术的发展（Weight 和 Zammuto，2013；Dalpiaz等，2016），这一系列的研究通过网络关系、制度逻辑等理论探索了艺术行业以及艺术机构组织应对动态环境能力的发展过程。但这些研究重点关注了市场逻辑、职业逻辑和企业逻辑，而对于非市场逻辑，如政府、家庭、艺术等缺乏足够的关注（Greenwood 和 Suddaby，2006）。因此，艺术行业中艺术机构组织的独特现象为探索网络关系与动态能力提供了潜在机会，也能够促进对网络关系和动态能力两大理论研究的发展。

第二，网络关系背景下企业在竞争网络中建立的行动逻辑为探索企业动态能力提供新的理论洞见。Granovetter（1985）提出社会关系嵌入对经济行为的影响：社会关系及社会网络结构与行动是彼此影响的，即个体行动会自组织出社会网络结构，社会网络又会产生集体行动与场力；场力又会影响社会网络结构，场力与结构又对个体行动具有约束力量。当前社会信息化、知识经济化、互联网化促使企业面临高度不确定的复杂外部环境，有关复杂适应系统理论指出主体行动者通过相应行为适应外部环境的动态变化（朱爱平和吴育华，2003；陈理飞等，2007），其强调行动是关键。由此可见，社会网络与组织行为活动密切相关。有学者开始关注基于网络关系情境下行动者的行为与复杂环境的互动过程。相关研究表明，嵌入在网络中的行为者的行动对环境做出适应性反应是自主构建过程，从而对网络的产生、形成和结束的过程进行考察（吴结兵和郭斌，2010）。Powell 等（2005）、Koka 等（2006）以及Neuman 等（2008）的研究则从“组织—环境”共同演化过程体现了行动者行为对复杂环境的适应过程。由此可见，网络关系情境下的组织行为以及网络关系的演化本质是在复杂适应系统中的适应性行为过程。由于网络关系呈动态演化状态，因此它既是组织行为嵌入的背景，又不断影响组织行为选择和行为效果。罗家德等（2014）提出在竞争网络中构建行动逻辑即布局视角来应对动态的市场竞争，从短期来看，行动者创造了关系，而长期来看，关系网络也形塑了行动者的观点，这也印证了上述的研究。

当前，有学者就行为主体如何通过网络关系的演化适应复杂的外部环境进行了研究。Granovetter（2002）指出行动者如何通过对网络关系脱耦与耦合的平衡促进形成最优网络关系进而实现目标。脱耦与耦合的平衡实质是网络关系密网与疏网的形成，这就要求行动者对由密转疏和由疏转密两个过程有机结合，并能够通过其灵活变动调整网络关系（罗家德等，2014）。另外有研究指出通过小群体的聚集形成小世界网络，或是通过网络关系扩散形成大范围的网络关系以适应外部环境（Powell等，2005）。这些研究都印证了网络关系情境下新创企业通过利用网络关系动态演化适应外部复杂环境。尽管研究学者已经关注到网络关系情境下行动者通过网络关系的动态演化应对外部复杂环境，但是对嵌入在网络关系中的组织基于网络关系背景下的行为主体（组织或个体）具体通过怎样的网络关系行为以及如何使网络关系发生演化，进而影响组织应对复杂动态环境的研究还未有具体的解答。

此外，动态能力是通过组织感知外部环境，并借助资源的重构、整合、释放组织内外部能力，实现组织常规能力转向高阶能力（Teece，2007；Eisenhardt 和 Martin，2000；Danneels，2011；许晖等，2017）。这种能力的进阶是组织通过不同要素或维度以及组合的过程，也是一个由内至外的过程。有研究学者指出网络关系作为组织获得能力的源泉（Mahmoo等，2011），其多样性与动态性属性是组织获得关键能力的重要因素（Laurell等，2017）。另外有一部分研究学者采用定量研究检测网络关系与动态能力二者之间的关系，但研究结果却不尽相同，存在网络关系与动态能力谁是中介变量的争论：董保宝（2012）指出动态能力作为中介变量影响网络关系结构及网络关系强度、密度和中心度，从而影响企业竞争优势；新创企业对网络关系范围和强度的利用影响企业动态能力进而影响组织战略变化速度（王栋等，2011）。有学者在微观层面探讨了在应对动态环境中构建高管团队的社会网络所形成的战略柔性对动态能力起到中介作用（林亚清和赵曙明，2013）。上述观点的出现意味着学者们关注网络关系属性与动态能力之间的影响关系，但是对网络关系行动逻辑与动态能力之间的作用机理缺乏系统性的分析。因而，网络关系背景下的网络关系行为可以为探索新创企业动态能力的开发和构建过程提供新的理论洞见。

第三，悖论视角下为探索新创企业网络关系行为与动态能力释放提供了整体、动态的纵向过程视角，有助于揭示新创企业网络关系行为如何交互保持持续的动态平衡，进而激活潜在、释放潜在的过程。随着外部环境的不确定性，悖论视角对理解组织与环境互动提供了独特的理论洞见，有利于对新理论的构建（Poole 和 Van de Ven，1989）。目前有关悖论视角下网络关系的研究更多是体现在制度逻辑融合上。Greenwood 等（2011）提出在组织应对复杂制度逻辑中组织的网络也是重要影响因素，网络关系影响组织成员嵌入在某种逻辑的程度；Besharov 和 Smith（2014）以中心性和相容性维度分析了组织多重逻辑的类型，并指出强关系有助于巩固某种逻辑的影响而弱关系反之，但弱关系能增强处理多种逻辑时的相容性（Greenwood et al.，2011）；在中心性维度方面社会网络关系行为主体所处位置或所连接的关系越强，那其坚持的逻辑会更集中、更稳固（Greenwood等，2011），同时新创企业所处的网络关系位置对组织成员的行为产生影响，也因此改变制度逻辑在组织以及成员中的影响（Pache 和 Santos，2013）。

组织双元性与悖论视角具有一致性，悖论视角下对开发与利用这对双元给予新的解读。当前研究表明动态能力聚焦在有效平衡探索与利用的适应性过程（Wang 和 Ahmed，2007），主动拥抱探索与利用的冲突可以使企业建构动态能力（Harreld等，2007），为组织的领导层在响应动态环境变化时提供集体性工具，促使组织更愿意接受动态环境中的冲突，更有利于组织可持续发展（Smith 和 Lewis，2011）。基于Smith 和 Lewis（2011）的研究仍需要加深对动态能力形成过程与响应冲突的适应过程的理解以及解释冲突缓解/转移过程中如何影响动态能力形成的过程，进而解释悖论视角下企业能力如何进阶成为更高阶的动态能力。

有关悖论视角下的网络关系与动态能力的研究已被相关学者所关注，但是这些研究未能将三者理论整合在同一框架下探索其内在的联系——网络关系背景下网络关系行为的悖论循环过程如何影响组织动态能力释放，特别是网络关系行为中存在的冲突行为构建动态循环释放动态能力的过程以及作用机理。因而，本书认为，将双元性置于悖论视角下，有助于揭示网络关系释放动态能力的内在作用机理，通过纵向的过程视角，一方面有效探索揭示网络关系行为释放动态能力时双元行为的平衡与权衡；另一方面考察网络关系行为中双元行为的动态变化进而解释动态均衡过程。最后从网络关系行为与过程视角来揭示网络关系行为的悖论循环过程释放动态能力的内在作用机理。

第二节　研究问题与研究内容

一、研究问题

基于上述现实与理论背景分析可以看出，网络关系对企业动态能力释放的重要性已经得到广泛认可，但是对于如何通过网络关系释放动态能力还存在很多争议，特别是基于网络关系行为中的冲突行为建立的悖论循环过程如何释放企业动态能力的问题鲜有涉及。因此，本书结合网络关系、悖论动态循环和动态能力等相关理论，提出本书的核心问题：**新创企业网络关系行为的悖论循环过程如何释放动态能力？**本书核心研究问题是将基本背景设置为网络关系情境下，探讨嵌入在网络关系中的新创企业通过网络关系行为对环境适应与能动的过程。基于组织网络关系适应行为与能动行为的分析体系，首先，探索新创企业关键行为主体不同角色的冲突行为的悖论循环过程对组织动态能力释放的前提条件的积累过程以及作用机理，再基于此基础进一步探索新创企业网络关系能动行为中冲突行为的互动过程所构建的悖论动态循环，进而重构网络关系情境下新创企业由内至外动态能力的释放过程以及作用机理。本书的理论逻辑框架见图1-1。

研究以网络关系、悖论与双元性、动态能力理论等领域已有研究为基础，运用模糊集定性比较分析（fsQCA）、双案例对比和单案例、多案例等研究方法展开理论与实证分析，以网络关系嵌入情境为切入点，从个体和组织层面探讨新创企业网络关系适应行为和能动行为，探讨网络关系行为建构的悖论循环过程释放动态能力的内在作用机理。并在借鉴已有的研究基础上分析不同层面以及所对应的不同网络关系行为对动态能力的作用机理，构建新创企业网络关系行为与动态能力释放的过程以及内在作用机理模型。

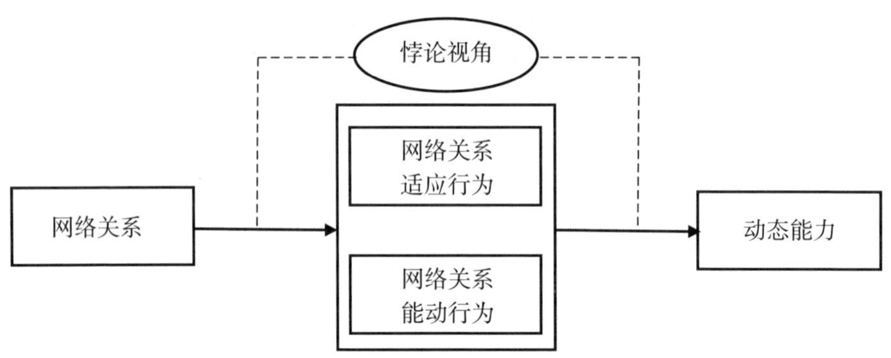

图1–1 本书理论逻辑框架

为了更好地解释该问题，本书将从以下三个子问题来进行详细的讨论。前两个问题针对网络关系适应行为与动态能力静态指标即由外至内积累的过程，最后一个问题针对网络关系能动行为与动态能力动态过程即由内至外释放的过程。具体问题如下：

子问题一：个体层面网络关系行为对环境的适应过程：新创企业的关键主体通过角色转换中个体与组织角色网络关系两种冲突行为，与网络关系再造中的网络关系多样性和强度两种属性实现能力提升具有怎样的路径以及影响关系？

新创企业中的关键行为主体在行为活动过程中其角色身份是影响形成不同特征网络关系的关键，个体间网络关系强度和多样性是衡量个体网络关系的重要指标，个体在依赖不同角色构建的网络关系中所形成的关系强度和多样性有显著的区别。那么，个体在运用个体与组织角色网络关系冲突行为和网络关系多样性、强度的属性实现能力提升有怎样的路径以及怎样的影响关系？因此，本书聚焦于个体层面中运用个体与组织角色网络关系的冲突行为和网络关系强度、多样性属性实现艺术家个体学术与市场能力提升的路径以及影响关系，这是悖论视角下从个体层面剖析网络关系与环境适应过程，即网络关系冲突行为的平衡对新创企业动态能力释放的前提条件由外至内的积累过程。

子问题二：组织层面网络关系行为对环境的适应过程：网络关系动态演化过程中，新创企业学术与市场网络关系两种冲突行为与权变式、悖论式的响应方式如何作用组织发展即动态能力释放前提条件的积累过程以及内在作用机理？

在高度不确定性的外部环境下，新创企业网络关系动态演化过程中组织学术与市场网络关系两种冲突行为与权变式、悖论式的响应方式如何作用组织发展的内在作用机理研究，当前研究还未涉及讨论。由于环境的不确定性，要求组织更要及时、灵活地对其作出响应，通过有效的响应行为推动网络关系动态变化，创造形成更有利于组织目标实现的网络关系。本书将探讨在网络关系聚焦——网络关系扩散——网络关系收缩的动态演化路径中，新创企业学术与市场网络关系冲突行为通过权变式与悖论式响应方式实现组织学术与市场能力提升的过程以及内在作用机理。这也是本书的第二个子问题，通过对该问题的深入研究，可以进一步地理解组织层面悖论视角下新创企业网络关系与环境适应过程，即学术网络关系行为和市场网络关系行为对释放组织动态能力的前提条件的积累过程。

子问题三：组织层面网络关系行为对环境能动过程：新创企业如何通过网络关系能动行为即网络关系聚类与网络关系扩散的冲突行为之间的循环互动，构建悖论动态循环过程、动态能力由内至外释放过程以及内在作用机理？

从现有网络关系的研究来看缺乏对组织网络关系行为的直接研究，特别是网络关系能动行为中的冲突行为。虽然有研究已经指出通过耦合与脱耦行为的平衡能影响网络关系疏密程度，以及通过形成小世界网络和大范围网络实现组织网络能力的研究，但是对于嵌入在网络关系中的组织如何通过网络关系行为，特别是能动行为中的冲突行为。这种冲突行为平衡过程又如何使组织动态能力由内至外释放呢？因此本书提出第三个子问题：新创企业网络关系能动行为如何使组织内部建构悖论动态循环并释放网络关系背景下由内至外的动态能力？本书从组织层面分析了悖论视角下组织网络关系与环境能动过程，即网络关系能动行为中的网络关系聚类与网络关系扩散循环互动构建悖论动态循环，进而重构网络关系背景下动态能力由内至外释放的过程以及作用机理。

二、研究内容

围绕核心问题及三个子问题，本书内容主要涉及三个层面：

第一，对本书的现实背景与理论背景进行阐述，明确研究问题，界定研究对象，并对本书的整体框架进行设计。基于此，对国内外有关网络关系、悖论与双元性、动态能力理论等相关研究文献作为研究起点，分析以往研究存在的不足，为本书后续部分进一步展开分析奠定基础。

第二，基于本书的网络关系、悖论和动态能力三大网络理论基础形成了三条分析脉络，具体为：网络关系行为（适应行为——能动行为）；悖论动态循环；动态能力释放的前提条件由外至内的积累过程和由内至外的释放过程。在此基础上，详细阐述网络关系行为的悖论循环过程与动态能力释放的作用过程以及内在作用机理。首先，基于悖论视角通过跨层分析（个体和组织）网络关系适应行为对新创企业动态能力涉及的前提条件积累过程以及作用机理：在个体层面采用fsQCA方法探讨企业关键个体（艺术家）角色转换（个体或组织角色网络关系的冲突行为）和网络关系再造（网络关系多样性、强度属性）实现能力提升（学术与市场）路径以及影响关系的实证研究；在组织层面探讨企业网络关系动态演化的路径过程中，学术网络关系行为和市场网络关系冲突行为通过权变式、悖论式响应方式影响组织发展的过程以及作用机理的案例研究。基于新创企业网络关系适应行为研究基础，进一步探索组织网络关系能动行为中的网络关系聚类与网络关系扩散行为之间的互动建立悖论动态平衡，进而实现组织动态能力由内至外释放的过程以及内在作用机理，重构了网络关系背景下网络关系能动行为与动态能力释放的理论模型。

第三，概括本书的主要结论，阐述了本书的理论启示与管理意义，指出本书的不足与局限。

第三节 研究设计思路与方法选择

一、研究设计思路

本研究核心的研究问题是：新创企业网络关系行为的悖论循环过程如何释放动态能力？当前网络关系嵌入对组织行为活动的影响越发明显，组织的成长过程需要将网络关系认知转变为更多关注以网络关系为基本背景，组织与环境共演过程中组织网络关系行为对环境的适应与能动过程，即在竞争的网络关系中组织网络关系行为适应复杂系统的过程（罗家德等，2014）。网络关系理论表明，组织在适应外部环境过程中，由于个体与组织之间网络关系的差异及不同角色行为主体所黏附的网络关系各有侧重（Ahuja等，2012）。基于网络关系属性，作为组织中的关键行为主体需要通过角色的转换促进网络关系再造，获得更多的资源与机会，从而使组织赢得持续成长的可能（薛敏和杜义飞，2018）。同时，组织通过组织成员以及组织身份获得多元的网络关系，这些网络关系形成了复杂的外部环境，但也带来了资源与机会，这对新创企业的生存与发展尤其重要。这就需要组织对多元、动态的网络关系作出有效响应。当前越来越多组织的网络关系嵌入程度不断深入，网络关系不再被认为是组织应对动态环境的外在因素，而是与组织作为同一主体响应环境，因而在竞争的网络关系建立行动逻辑成为响应手段（罗家德等，2014）。网络中的行动逻辑表明组织能够通过网络关系适应行为与网络关系能动行为完成组织与环境共演以及更好地适应复杂系统（Tan 和 Litschert，1994；Koza 和 Lewin，1998；Tan 和 Tan，2005）。

网络关系的嵌入影响了组织在适应外部动态环境中的行为活动

（Granovetter，1985），进而在以网络关系为基本背景情境下形成了网络关系适应行为和网络关系能动行为，组织网络关系行为中的冲突行为也体现了组织与环境共演过程对悖论需求的响应过程。通过揭示新创企业网络关系适应行为与网络关系能动行为中所应对冲突的行为过程，可以对深入地理解悖论视角新创企业网络关系行为释放动态能力的过程以及作用机理产生积极作用。因此，本研究结合定性与定量研究，研究思路如图1–2所示。

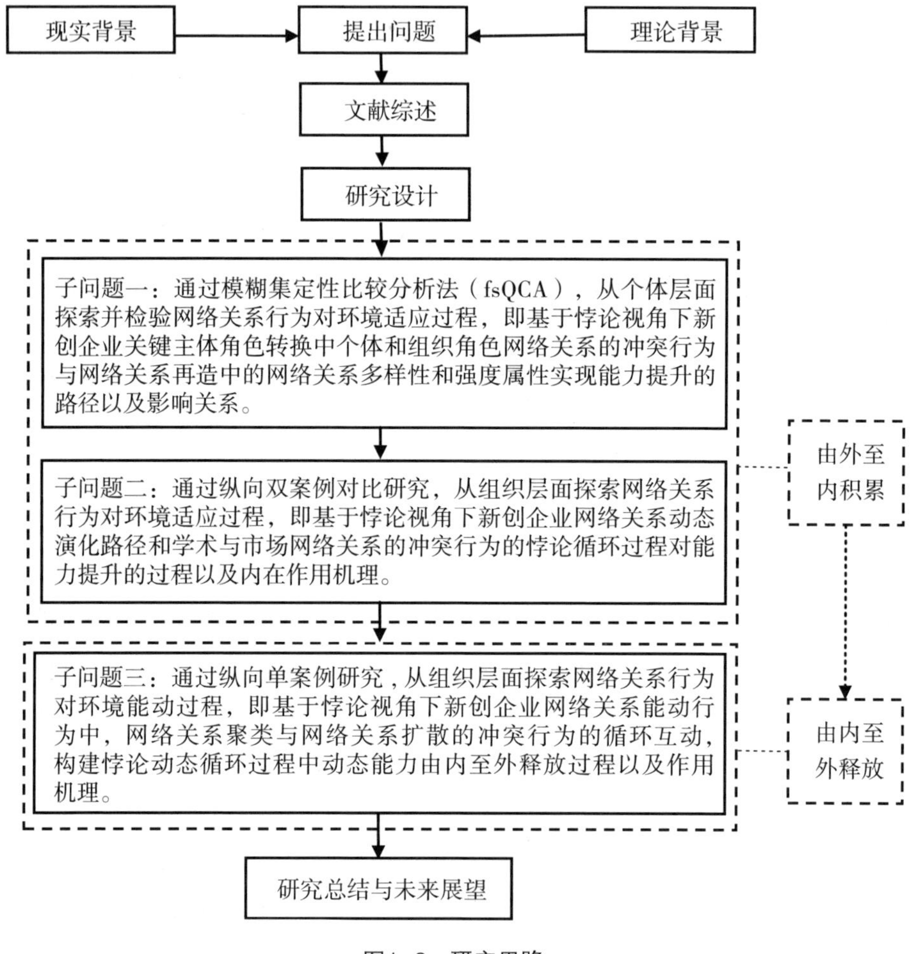

图1–2 研究思路

本研究引入悖论视角、网络关系和动态能力理论，将网络关系作为基本背景，通过个体与组织网络关系行为与环境的适应过程，即网络关系适应行为中的冲突行为通过建立动态循环，促进新创企业能力提升，实现动态能力释放所需前提条件的积累。随后，通过组织网络关系行为与环境的能动过程，即基于网络关系适应行为奠定的基础，新创企业通过其网络关系能动的双元行为之间的互动构建了悖论动态循环，进而释放组织动态能力。具体表现：首先，从个体层面探讨并验证组织新创企业关键主体角色转换中的冲突行为与网络关系再造的关系属性实现能力提升的路径以及影响关系；其次，从组织层面探索了新创企业网络关系动态路径演化过程，其学术网络关系行为与市场网络关系行为通过权变式或悖论式响应方式对组织能力提升的过程以及作用机理；最后，从组织层面研究其网络关系能动行为即网络关系聚类与网络关系扩散的冲突行为之间的互动构建悖论动态均衡，进而重新建构网络关系背景下组织动态能力释放。

二、研究方法

首先，定量方法采用了模糊集定性比较分析法（Qualitative Comparative Analysis,QCA），该方法是力求整合“定性”和“定量”两种分析方法的长处，即融合案例导向和变量导向的综合性策略（Rihoux 和 Ragin，2008）。此方法与传统的定量分析方法考察要素的净效应是不相同的，它认为结构的发生是与相关要素综合作用产生的结果（各要素的组合被称为“构型”）。为找到这些构型，QCA通过一定数量的跨案例进行比较，通过反事实分析的基础，运用布尔达数法对构型进行简化，挖掘出实现结果的各种构型，并对核心条件和非核心条件进行区分。模糊集定性比较分析法（fsQCA）有助于本研究检测个体层面基于角色转换中的个体、组织角色网络关系行为与网络关系再造中的多样性、强度属性对适应外部动态环境变化的影响作用，从而揭示网络关系背景下作为悖论主体通过角色转换与网络关系再造实现能力提升的路径以及影响关系。本研究结合网络关系、悖论双元性视角融入fsQCA研究，确定了两种冲突的行为，但此两种行为又彼此互补，以研究网络关系背景下作为新创企业关键行为主体，通过角色转换中不同角色网络关系的适应行为与网络关系再造中的网络关系多样性、强度对能力提升的路径以及影响关系。

其次，Eisenhardt（1989）和Yin（2003）研究指出定性研究方法采用归纳式、纵向的案例研究，该方法适用于研究“How”与“Why”的过程问题。多案例研究具有复制的逻辑，可将案例视为一组实验，每个案例都可以用来验证或否认其他案例研究得出的推理（Yin，2003）。纵向案例研究最适合探索尚未被充分理解的现象以及在“情景化、生动的描述、动态的建构和人的价值观”的研究中非常重要。通过收集纵向过程数据（如大事件）、访谈资料和其他档案资料，进而构建完整且富有理论内容的故事，能够透过对事件、访谈和档案资料等表面的描述，深度进入到研究时间段背后发展的逻辑，展现如何实现数据到理论化的发展过程。纵向案例研究能够引导新理论观点的产生，对构建新理论框架有积极作用（Langley，1999），因为纵向的过程研究是将整个现象全部展现，包括了产生、变化和发展的过程（Langley等，2013），从而能够对现象内在过程进行有效的展示（Mohr，1982）。同时，纵向案例研究更适合提炼复杂现象的理论或规律。综上所述，本研究基于现象入手，且当前理论文献未能深入解答“网络关系行为的悖论动态循环如何释放动态能力”这一问题，因此需要更丰富的案例数据支撑进行深度的过程探索、诠释。同时，我们既要考虑西南地区的区域特征，又要考虑案例的代表性，还需要考虑互联网时代大背景，所以我们选择的案例是非常具有代表性的，适合以探索性的纵向的双案例对比和单案例进行分析（Yin，2003）。

第四节　研究对象选择

一、定量研究对象

本研究通过模糊集定性比较分析法（fsQCA）探索并检验网络关系背景

下新创企业关键主体不同角色网络关系行为与网络关系多样性、强度属性实现能力提升的路径以及影响关系。本研究定量研究的对象主要来自被著名艺术评论家、艺术史学家吕澎称之为“艺术第三城”的成都艺术机构组织中的艺术家[①]，也是本研究案例样本企业中的艺术家。他们来自全国各地，其中还有美籍华人艺术家。艺术家与艺术机构组织之间形成多元合作关系，比如有些和艺术机构组织形成包干制合作即艺术家只负责创作，其他事务由艺术机构组织负责；有些艺术家与不同的机构合作，其作品分布在不同机构；有艺术家不仅与艺术机构组织合作，还成为其合伙人；另外有艺术家自己创办了画廊，但仍与其他艺术机构组织建立不同形式的合作等。艺术家是艺术机构组织以及艺术行业发展的关键主体，他们既是艺术品创造者，又是艺术价值传播者。这些艺术家有些已经功成名就，有些处于良性上升中。同时这些艺术家中有些成立了工作室，有些是艺术机构组织的合伙人，有些是独立的创作者。换句话说，这些艺术家既代表艺术家个体角色也代表企业，或是在企业中担任重要角色。因此，本研究通过半结构化访谈采访了31位艺术家，将其作为本研究定量研究的数据来源。

二、定性研究对象

（一）选择标准

本研究采用双案例的纵向对比研究，探索悖论视角下新创企业网络关系动态演化路径与其响应行为对组织学术与市场能力变化的过程，揭示了组织层面新创企业网络关系与环境适应过程中，网络关系冲突行为对组织动态能力释放所需前提条件积累的过程以及作用机理。这是属于双案例的对比研

① 本书艺术家以书画门类为主。成都被称为中国艺术第三城，其当代绘画艺术在国内外极具影响，代表人物有周春芽、何多苓、林跃等。本书选择书画门类艺术家极具典型性。

究，一家在位企业和一家新创案例企业在发展历程中具有与本研究问题相符合的问题，两家企业在应对动态外部环境过程中也表现出了共异性，其中两家企业网络关系演化路径是一个过程的分析，因此属于过程性的纵向研究。本研究选择了成都浓园文化艺术传播有限公司（以下简称浓园）和成都斯为美术馆（以下简称斯为）作为本研究纵向对比案例研究的对象，通过深入探讨、系统分析以及挖掘动态过程和所处情景，对研究问题进行了有效的响应和解释。

在纵向单案例研究中选择浓园为研究对象，探索了新创企业网络关系冲突的双元行为建立悖论动态循环，进而促进组织由内至外动态能力的释放过程与作用机理，这是属于单案例多阶段过程分析。首先，由于网络关系能动性行为和动态能力释放呈动态和发展状态，所以适合运用案例研究方法进行研究分析（Yin，2002）；其次，通过单案例对某种特别现象深入地阐述和分析，对理解特别现象背后复杂的机理有积极作用（Eisenhardt，1989），并可进一步凝练相关理论或规律，进而解释复杂现象（Eisenhardt 和 Graebner，2007）。同时，该案例选择的合理性不仅因为浓园其“稀少和独特”的特质符合“抽样原则”，而且其具有启示性个案的诸多特征，因此，本研究选择浓园为纵向单案例研究对象。

（二）案例简介

斯为成立于2013年，专业从事艺术品交易、展览业务。斯为在成立后的半年时间内，成功签约50多位艺术家（半签约式），收藏书画、根雕、陶艺等，多门类艺术作品上千件，其中一些当代的著名艺术家也是它的合作伙伴[李江（女）、刘正成、任光荣、罗徕、林跃等]。在企业成立之初，作为主要投资人及董事长冷劲辉主持举办了各种类型的画展、商务活动，吸引了大量艺术家、商业人士以及企业的关注，在2013—2014年一年多时间内取得了良好的交易成果。但随着2015年初艺术行业大萧条环境的来临，公司持续的活动不再像最初那样发挥作用，交易骤然下降。在2016年初，斯为合伙人基于各种压力，结束了斯为美术馆的运营。

浓园成立于2005年，专业从事艺术品的创作、展览、销售及企业营销策划。2006年投资建设成都浓园国际艺术村，当期入驻艺术家40多人，之后有上百位艺术家的入驻，其中有全国知名艺术家程丛林、林跃、梁时民、张景岳等。在中国西南地区的艺术行业享有盛名，被誉为“创家园”“精神家园”。浓园于2013年开始举办的各种类型活动，针对的群体由具有典型性的某一类人群转为多元化的群体。而这样的活动让浓园在艺术行业面向了更多的群体，黏附了更多的圈层群体，为浓园的发展提供了基础性的依托，同时抵御了从2014年开始的艺术行业大萧条环境。2016年浓园被国家批准为4A级旅游景区。

第五节　数据收集与数据处理

一、定量数据收集

借鉴先前研究的数据收集方法，本研究采用半结构化访谈方法收集定量数据。本研究以西南地区新创艺术机构组织为基础，与浓园、蓝顶、红美术馆、西村、A4等新创艺术机构组织关键管理层人员建立良好的信任关系，进而访谈了来自这些艺术机构组织的31位艺术家。这些艺术家是艺术机构组织或企业的关键主体，他们在企业中扮演了不同角色，包含专业艺术家、业余艺术家、经纪人、艺术机构组织管理人员等（详见表1–1），对艺术机构组织的发展发挥着至关重要的影响作用。笔者用了3年多的时间分三个阶段进行数据的收集，并结合访谈阶段对访谈提纲进行不断修正（访谈提纲见附录1）。由于fsQCA研究方法是基于小样本或中等样本案例分析情境，而本研究选择了西南地区乃至全国具有代表性的31位艺术家进行了访谈，符合fsQCA的样本要求，因此本研究将半结构化访谈的31位研究对象作为本次定量研究的数据。

表1-1 访谈样本信息统计表

阶段	访谈对象	职业	从业经验	访谈时长	录音文本字数
一阶段	李**	书法家	近30年	2：42	约2.58万字
	罗*	油画家兼教授	40多年	2：50	约1.99万字
	李**	水墨画家、陶塑家兼教授	近40年	2：06	约1.65万字
	孙**	山水画家	近40年	0：52	无录音
	曾**	油画家	25年	1：05	约1.10万字
	任**	国画家	近60年	2：20	约1.75万字
	曾*	国画家	近20年	0：43	约0.85万字
	陈*	书法家	近50年	0：35	无录音
	唐*	油画家	近30年	1：00	约0.90万字
	戴*	国画家	近30年	0：45	无录音
	番*	版画家	15年	0：40	无录音
二阶段	谭*	油画家	15年	0：45	约0.89万字
	范**	国画家	近40年	0：56	无录音
	蒋*	水墨画家、艺术机构组织企业家	15年	4：20	约3.69万字
	方*	篆刻、书法家	41年	0：46	无录音
	何**	油画家	40年	0：35	无录音
	金**	版画家	20年	0：56	约1.00万字
	刘*	水粉画家、艺术机构组织中层管理	6年	0：50	约0.95万字
	李*	国画家	近35年	0：46	无录音
	林*	油画家	40年	1：00	约1.00万字
	冯**	艺术高校工艺设计教师兼业余国画家	20年	1：09	约1.20万字
	刘**	工笔画家	40年	0：35	无录音
	谢**	艺术高校美术教师兼油画家	15年	1：40	约1.65万字

续表

阶段	访谈对象	职业	从业经验	访谈时长	录音文本字数
三阶段	王**	艺术高校美术教师、国画家	10年	1：02	约1.00万字
	刘**	书法家	近60年	0：30	未录音
	吕**	艺术高校工艺设计系主任、版画家	12年	1：00	约0.97万字
	刘**	油画家、水墨画家	近45年	0：50	未录音
	刘*	表演戏剧家、艺术学院院长	31年	1：40	约1.29万字
	桑*	油画家	30年	0：46	无录音
	龙*	书画家	15年	0：46	未录音
	罗*	油画家	20年	0：50	约0.80万字

二、定性数据收集

案例研究数据是通过多种渠道收集关于研究对象过去或当前现象的证据。在案例研究中数据来源是非常广泛的，凡是涉及有关对事实描述的事件都可以成为来源，并且通过多种方法进行数据收集，比如访谈、档案资料、实地观察和问卷调查等，所有数据包含定性的文字资料和定量的数字资料（Eisenhardt，1989）。纵向的过程数据是案例过程研究的关键数据，这种类型的数据尽可能地通过多渠道获取多元化的、丰富的资料（Langley等，2013）。企业档案资料、深度访谈、实地考察和民族志调查等均是纵向数据的主要来源渠道，档案资料常运用在以时间维度的纵向事件和其意义等的追踪。访谈能对研究有深度阐释作用，同时可以检验其他所获得的数据。实地考察可以将研究者带入当时的情景，能更深入地了解研究对象的具体行为。采用的定性研究方法与研究涉及的问题和本体论的视角具有一致性，强调的重点是发展过程而不是事物本身。

过程研究揭示了基于时间变化事物也随之变化的方式以及内在原因（Van de Ven 和 Huber，1990）。事件基于某种特定的环境发生，可以通过时间上区别起始点、结束点，特别是特定情境的演化过程，展现了研究事物发展过程中和其他主体之间的互动过程（Morgeson等，2015）。浓园的事件资料资源由访谈、大事记、公司官网、媒体报道、实地调研等整理而来。基于时间序列的事件可以展现浓园整个纵向发展过程以及行为。通过回溯性数据资料可增加案例研究的可行性。Langley（1999）指出事件阐述了主体行为者在某段时间实施了怎样的行为活动、抉择和决策等。浓园具体事件举例见表1-2。过程研究包含了多元的过程数据，不仅包含时间顺序的事件数据，还有深度访谈、现场观摩等获得的数据材料。多元渠道的数据来源揭示了涉及的研究现象在某段时期内产生、发展和结束的过程，此过程也蕴藏了关键的理论信息。本研究对浓园在发展历程中业务与门类发展的所有时间记录进行收集，进而保证不会遗漏关键事件。

表1-2 浓园事件举例

时间点	活动关键主体	具体事件描述	结果或影响
2007	浓园、成都市艺术协会、武侯区美术家协会、四川大学新艺术研究中心	第一次正式举办艺术展览	标志浓园展览业务的开展

访谈已经被认为是了解人们最常见和最强大的方式（Fontana 和 Frey，1994）。本研究采用了正式访谈和非正式访谈。正式访谈以半结构化方式进行，主要是围绕研究问题和研究主题进行探讨，访谈没有任何特别的顺序，更多是根据当时的实际情况（Gummesson，2000），将访谈的整个过程进行录音。每次访谈都由两位研究人员组成，一位主要负责访谈，另一位负责记录。在访谈完毕后，两位研究人员会立即相互核对访谈的内容与信息。我们遵循若干的原则，第一，“24小时原则”要求在进行访谈后24小时内整理完毕详细的访谈记录；第二，所有数据都包含；第三，将自己在访谈中的感想与被访谈者提供的资料信息严格地区分开来。非正式的访谈主要是我们实地考察艺术机构组织（艺术文化企业、美术馆、画廊等），参加相关的艺术活动以及所遇的艺术家、艺术从业者、艺术收藏者等。非正式访谈产生的额外

材料，为我们的研究提供了更多有效的补充。

案例数据的收集、编码与分析需要同时进行（Glasser 和 Strauss，1967）。因此，在数据编码与分析的过程中，也会检验前期收集数据的来源和方法，与本研究的数据来源呈相互支撑的状态。由此，数据收集工作一直持续到本研究结束。

三、数据处理

该部分的数据处理主要针对定性数据，图1–3概括了本研究的研究过程，从理论文献的回顾开始，不断地进行数据收集与分析，同时将理论与数据进行不断的迭代，尽管本研究由三个子问题组成，但这一过程贯穿整个研究。

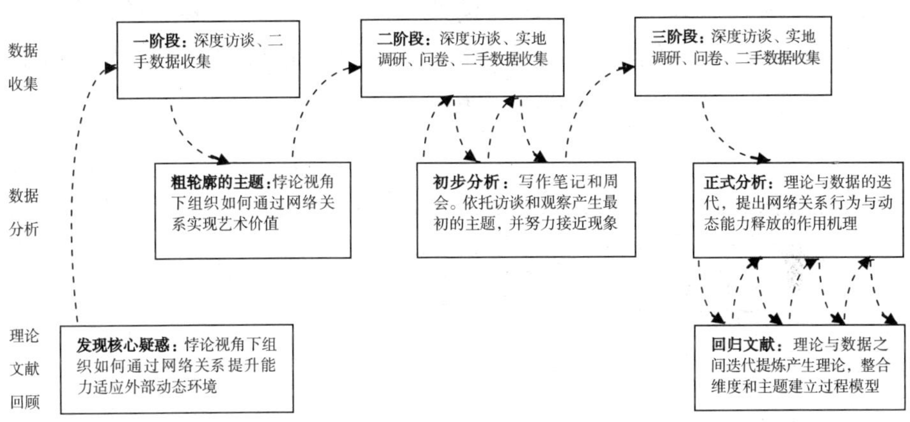

图1–3　研究过程

本研究在最初的文献中发现有关悖论视角下组织如何通过网络关系提升能力适应动态环境的研究鲜少涉及，带着这样的疑问开始了研究。在最初的研究中，我们通过正式访谈和二手资料的收集确定了本研究的主题：悖论视角下新创企业如何通过网络关系实现艺术价值。随着问题的深入进行二阶段的数据收集，主要通过深度访谈、实地调研、问卷和二手数据收集实现。在收集的过程中，通过研究团队的定期讨论，完成资料分析和写作笔记。基于所收集的材料，与最初的主题进行比对，尽可能地去接近现象。在此，提炼了研究问题：悖论视角下网络关系如何实现组织动态能力的形成。试图从悖论视角分析网络关系的潜在释放，以及潜在释放对动态能力的影响。最后又进行三阶段的数据收集，进一步地验证本研究提出的研究问题，以及将理论和数据进行不断的迭代，最终提出“新创企业网络关系行为的悖论循环过程如何释放动态能力”为本研究核心，主要探索在悖论视角下个体和组织层面网络关系适应行为如何使新创企业由外至内地完成动态能力释放前提条件的积累，并基于以上探索组织层面网络关系能动行为如何由内至外释放动态能力，构建了网络关系背景下新创企业由外至内到由内至外的动态能力释放的过程。

第一个子问题研究中涉及的核心构念基于扎根分析的程序与技巧，从原始数据中进行开放式编码，编码过程中紧扣原数据，确定不同类型的陈述、问题和行为，从而产生一阶概念。又通过反复的资料比较得出二阶主题，最后为了巩固理解，又持续地将文献、数据与现象相对比，加深总结，进而提出三个关键构念：角色转换、网络关系再造、能力提升，并建构了数据收集与分析图1–4。（该部分对应第四章研究内容）。

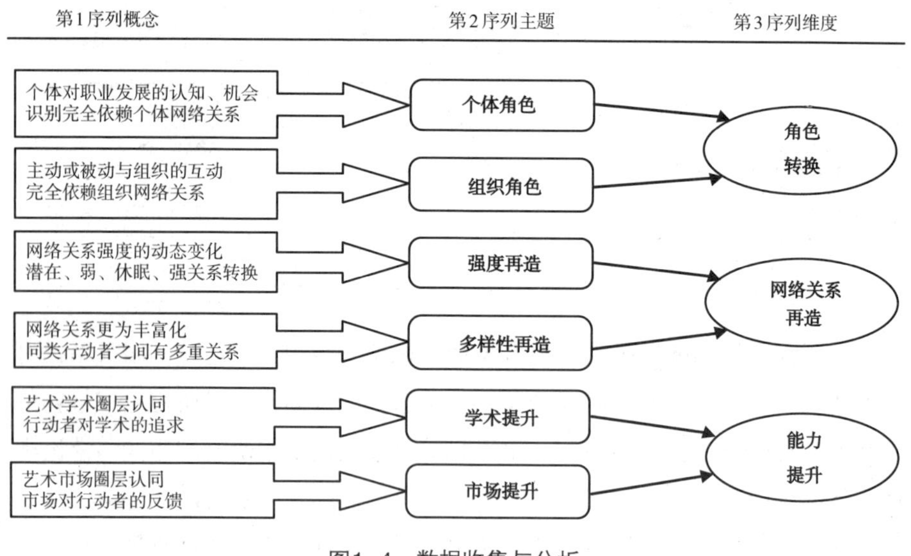

图1–4　数据收集与分析

第六节 研究创新之处

本研究围绕“新创企业网络关系行为的悖论循环过程如何释放动态能力？”这一核心问题，引入了网络关系理论、悖论理论和动态能力理论。通过三个子问题进行分析研究，揭示以网络关系为基本背景，新创企业网络关系行为与环境适应、能动的过程，即组织网络关系适应行为与能动行为中对应的冲突行为之间的悖论循环过程，推动组织动态能力释放所需前提条件的积累和动态能力释放的过程以及作用机理。本研究的创新点归纳为以下三个方面：

第一，本研究提出网络关系嵌入新创企业建立的网络关系适应行为和网络关系能动行为。

现有社会网络的研究大多基于网络结构嵌入和网络关系嵌入，特别是针对两者特性的研究。有关网络关系方面的研究多是强调网络关系的强度、多样性、持久性、互动性等属性。由于技术发展、全球经济化使得网络关系嵌入组织的程度越来越深，组织与网络关系的互动对组织的成长发展越发重要，因此组织必须建立起网络中的行动逻辑（罗家德等，2014）。网络中的行动逻辑正是行动主体创造关系、适应关系的行为表现，追求组织长期的复杂适应（Padgett 和 Powell，2012）。因此，本研究在现有研究的基础上，将网络关系视为研究的基础背景，从个体层面运用定量研究方法探索并检验了作为新创企业的关键主体，通过角色转换中的个体或组织角色网络关系冲突行为与网络关系再造中网络关系多样性、强度属性对学术与市场能力提升的路径以及影响关系；同时通过定性研究方法探索了新创企业网络关系演化路径中组织学术与市场网络关系冲突行为，通过权变式和悖论式的响应方式分析了新创企业发展的影响过程以及作用机理。鉴于此，本研究提出了新创企业在适应动态环境过程中的组织网络关系适应行为。基于个体与组织层面探讨组织适应动态环境过程中的适应行为，本研究进一步从组织层面通过定性研究方法探索新创企业网络关系能动行为与环境能动的过程，即网络关系聚类与网络关系扩散的冲突行为之间的互动，促进网络关系的优化，不断地激活、释放组织的潜在，从适应环境转变为能动地改变环境。鉴于此，本研究提出了组织网络关系能动行为。

第二，从新创企业网络关系行为中探索了网络关系背景下不同情境的双元行为，构建了悖论动态循环过程，为网络关系、双元性、悖论理论提供全新的研究方向。

网络关系下的行动逻辑提出，通过网络关系耦合与脱耦的平衡才能提升组织获得机会的能力（罗家德等，2014）。网络中的行动产生了冲突行为，比如个体角色网络关系行为和组织角色网络关系行为、市场网络关系行为与学术网络关系行为、网络关系聚类和网络关系扩散。Smith等（2011）的悖论冲突均衡模型指出对冲突的接受，积极地拥抱冲突，双元性是应对冲突的最优响应方式。行为主体通过与行动中的冲突进行不断互动、调整，使冲突的对立面持续地处于动态均衡的状态中，并不断地释放潜在资源、激活潜在能力，推动组织缓解或转移不同阶段的冲突，构建良性的悖论动态循环。因此，本研究对新创企业网络关系行为中的冲突行为进行探索，提出网络关系行为中的双元行为，打开了悖论动态循环过程的黑箱，为网络关系、双元性和悖论的理论发展提供了新方向。

第三，本研究揭示了网络关系背景下动态能力由外至内到由内至外释放过程，即前提条件的积累到释放过程，打开了动态能力更为复杂的形成过程机理黑箱，拓展了动态能力的内涵以及研究范围。

动态能力被认为是组织应对动态环境过程中持续地对资源进行作用产生的新能力，进而保证持续竞争的优势。组织的动态能力被认为是由内至外的一个适应性的过程。随着多元、复杂的网络关系与组织之间嵌入性日益加剧，以及外部环境变得日趋不确定，因此更需要探索网络关系背景下组织网络关系行为对动态能力释放的过程以及作用机理，而当前对此的研究还相对欠缺。本研究通过对新创企业网络关系适应行为与能动行为中存在的冲突行为的互动过程研究，揭示了网络关系背景下新创企业动态能力释放所需的前提条件积累和释放过程以及作用机理。因此，本研究指出：新创企业网络关系冲突行为的互动，构建了悖论动态循环的过程，推动了新创企业动态能力释放的前提条件积累和释放，打开了动态能力更为复杂的形成过程机理黑箱，重构了网络关系背景下动态能力的内涵。

第七节 核心构念界定

网络关系：当前研究已经给出了网络关系的界定，Michell（1969）将网络关系定义为由网络节点或行为主体连接形成的一组关系束。Ahuja等（2012）指出关系是通过节点与节点之间创造、吸收、改变强度和内容，但关系又能保持节点与节点之间相连且能持续互动，对组织和个体都具有输送能力。网络关系特征分析的重点是行为主体与其他网络主体之间建立的交流关系的性质及特征（贺寨平，2001），其特征主要通过三方面的指标进行测量：关系持久性、关系质量和关系强度。本研究将网络关系定义为：各行为主体（组织或个体）即网络中的节点在彼此传递并交换信息、资源的互动过程中形成的关系。

网络关系行为：过去研究指出组织需要在竞争的网络中建立网络关系行动逻辑，这是通过社会网络适应外部动态变化的指导性逻辑，在一段时间内网络关系行动逻辑是行动者创造了关系、适应关系也塑造了行动者，追求组织长期对复杂系统的适应（罗家德等，2014）。Granovetter（2002）指出通过脱耦与耦合行为建立有利于组织发展的网络关系环境。Koka等（2006）指出通过网络关系扩散、互动、巩固和收缩行为实现网络关系演化以应对外部动态环境。因此，本研究提出在网络关系背景下，组织的网络关系行为是组织或个体基于网络关系建立自身的适应性和能动性行为进而改变网络关系，建立有利于组织发展的网络关系以响应外部环境的不确定性。组织网络关系行为包含了两种类型：网络关系适应行为和网络关系能动行为。

网络关系适应行为：组织在竞争网络中通过个体与组织角色网络关系的冲突行为、学术与市场网络关系的冲突行为适应外部动态环境。具体划分为：个体层面涉及个体角色网络关系行为和组织角色网络关系行为，且两种行为具有冲突性；组织层面涉及学术网络关系行为和市场网络关系行为，且两种行为具有冲突性。

网络关系能动行为：组织在竞争网络中通过网络关系聚类和网络关系扩散冲突行为之间的互动改变网络关系，进而促进组织生成自适应能力的行为称为网络关系能动行为。网络关系聚类与网络关系扩散是网络关系能动行为的具体表现，二者具有冲突性。

悖论动态循环：当前企业面对的外部环境变得越来越不确定，因此企业成长过程中需要应对对立但又相互关联的冲突。在有关如何响应悖论式冲突的研究中，Smith 和 Lewis（2011）提出通过组织建立动态均衡模型进行响应，使组织获得可持续发展和卓越绩效的良性循环（Andriopoulos 和 Lewis，2009；Lewis 和 Smith，2013）避免恶性循环及组织衰退（Chung 和 Beamish，2010）。因为冲突之间存在相互交织与巩固的关系，所以彼此相互作用（Lüscher 和 Lewis，2008）。本研究在此基础之上引入动态过程视角，将悖论动态循环定义为：在保持相互依存的对立面共同建构一个总体的基础上，网络关系背景下个体或组织建立网络关系冲突行为的平衡过程，并保持这些冲突行为的动态循环，进而形成悖论动态循环。

动态能力：当前对动态能力的定义存在分歧，Teece等（1997）指出"动态"阐述了企业根据不断变化的竞争环境，做出的动态、快速响应与创新。"能力"则强调了组织内部通过构建、整合和重构内外部资源、技能和能力。有研究指出通过感知外部环境，能够识别外部的威胁，抓住外部机会（Teece，2007），并通过重构、整合和释放企业的内外部资源（Eisenhardt 和 Martin，2000；Teece等，1997）。这是企业如何由内至外地快速应对外部环境变化的逻辑（Teece，2007）。网络关系以及嵌入性影响了组织动态能力的形成，因此本研究在原有理论界定的基础上，引入网络关系视角，将动态能力界定为：在网络关系背景下，组织网络关系行为对环境的适应与能动过程实现组织由外至内前提条件的积累和由内至外能力的释放。动态能力的释放强调组织由外至内积累到由内至外释放的过程。

参考文献

[1] 经济日报—中国经济网. [2017-12-30].年终盘点：2017年艺术品市场大事件背后的十大现象.http：//www.ce.cn/culture/gd/201712/30/t20171230_27500399. shtml.

[2] 陈池瑜.现代艺术学导论[M].北京：清华大学出版社，2005.

[3] 陈理飞，史安娜，夏建伟.复杂适应系统理论在管理领域的应用[J].科技管理研究，2007，27(8)：40-42.

[4] 董保宝.网络结构与竞争优势关系研究——基于动态能力中介效应的视角[J].管理学报，2012，9(1)：50-56.

[5] 费恩.2015.画廊业困境与出路.[2015-03-18].http：//news.99ys.com/news/2015/0318/27_190520 _1.shtml.

[6] 贺寨平.国外社会支持网研究综述[J].国外社会科学，2001，(1)：76-82.

[7] 冷劲辉.中国民营美术馆商业模式创新：一个双元价值主张模型[D].成都：电子科技大学，2017.

[8] 李红春.从“展览”到“参与”：艺术价值在当代的再转换[J].天津社会科学，2013，(6)：114-119.

[9] 林亚清，赵曙明.构建高层管理团队社会网络的人力资源实践，战略柔性与企业绩效——环境不确定性的调节作用[J].南开管理评论，2013，16(2)：4-15.

[10] 刘军.公共关系学[M].北京：机械工业出版社，2006.

[11] 孟新东.艺术价值简论[D].石家庄：河北师范大学，1998.

[12] 罗家德，张田，任兵.基于“布局”理论视角的企业间社会网络结

构与复杂适应[J].管理学报，2014，11(9)：1253-1264.

[13] 泰勒尔.1997.产业组织理论：The theory of industrial organization [M].北京：中国人民大学出版社,，1997.

[14] 吴结兵，郭斌.企业适应性行为，网络化与产业集群的共同演化——绍兴县纺织业集群发展的纵向案例研究[J].管理世界，2010，(2)：141-155.

[15] 王栋，魏泽龙，沈灏.转型背景下外部关系网络，战略导向对战略变化速度的影响研究[J]. 南开管理评论，2011，(6)：76-84.

[16] 许晖，邓伟升，冯永春，等.品牌生态圈成长路径及其机理研究——云南白药1999—2015年纵向案例研究[J].管理世界,2017，(6)：122-140.

[17] 薛敏，杜义飞.企业关键主体角色转换与社会网络关系再造研究[J].管理学报，2018，15(2)：192-200.

[18] 朱爱平，吴育华.试论复杂适应系统与企业管理研究的创新发展[J].科学管理研究，2003，21(4)：63-66.

[19] Alexander V D，Bowler A E. Art at the crossroads：the arts in society and the sociology of art[J].*Poetics*，2014，43(1)：1-19.

[20] Ahuja G，Soda G，Zaheer A. The genesis and dynamics of organizational networks[J]. *Organization Science*，2012，23(2)：434-448.

[21] Andriopoulos C，Lewis M W. Exploitation-exploration tensions and organizational ambidexterity：managing paradoxes of innovation[J].*Organization Science*，2009，20(4)：696-717.

[22] Besharov M L，Smith W K. Multiple institutional logics in organizations：explaining their varied nature and implications[J]. *Academy of Management Review*,2014，39(3)：364-381.

[23] Caves R E. *Creative industries：contracts between art and commerce*[M]. Boston：Harvard University Press，2000.

[24] Chung C C，Beamish P W. The trap of continual ownership change in international equity joint ventures[J]. *Organization Science*，2010，21(5)：995-1015.

[25] Dalpiaz E，Rindova V，Ravasi D. Combining logics to transform organizational agency：Blending industry and art at Alessi[J]. *Administrative Science Quarterly*，2016，61(3)：347–392.

[26] Danneels E. Trying to become a different type of company：dynamic capability at Smith Corona[J].*Strategic Management Journal*，2011，32(1)：1–31.

[27] Dunn M B，Jones C. Institutional logics and institutional pluralism：the contestation of care and science logics in medical education，1967—2005[J]. *Administrative Science Quarterly*，2010，55(1)：114–149.

[28] Eikhof D R，Haunschild A. For art's sake! artistic and economic logics in creative production[J].*Journal of Organizational Behavior*,2007，28(5)：523–538.

[29] Eisenhardt K M. Building theories from case study research[J].*Academy of Management Review*，1989，14(4)：532–550.

[30] Eisenhardt K M，Martin J A. Dynamic capabilities：what are they?[J]. *Strategic Management Journal*，2000，21(10/11)：1105–1121.

[31] Eisenhardt K M，Graebner M E. Theory building from cases：opportunities and challenges[J].*Academy of Management Journal*,2007，50(1)：25–32.

[32] Fontana A，Frey J. Interviewing–the art of science[J].*The Handbook of Qualitative Research*，1994，(1)：361–374.

[33] Granovetter M. Economic action and social structure：the problem of embeddedness [J].*American Journal of Sociology*，1985，91(3)：481–510.

[34] Granovetter M. *A theoretical agenda for economic sociology*[M]. New York：Pussell sage foundation,，2002.

[35] Greenwood R，Raynard M，Kodeih F，et al. Institutional complexity and organizational responses[J]. *Academy of Management Annals*，2011，5(1)：317–371.

[36] Greenwood R，Suddaby R. Institutional entrepreneurship in mature fields：the big five accounting firms[J].*Academy of Management Journal*，2006，49(1)：27–48.

[37] Gummesson E. *Qualitative methods in management research*[M]. London: Sage Publications, 2000.

[38] Glasser B G, Strauss A L. *The development of grounded theory*[M]. Chicago, IL: Alden, 1967.

[39] Harreld J B, O'Reilly C A, Tushman M L. Dynamic capabilities at IBM: driving strategy into action[J].*California Management Review*, 2007, 49(4): 21–43.

[40] Hoffman A J. Institutional evolution and change: Environmentalism and the US chemical industry[J].*Academy of Management Journal*, 1999, 42(4): 351–371.

[41] Hirsch P M. Processing fads and fashions: an organization-set analysis of cultural industry systems[J].*American Journal of Sociology*,1972, 77(4): 639–659.

[42] Koka B R, Madhavan R, Prescott J E. The evolution of interfirm networks: Environmental effects on patterns of network change[J]. *Academy of Management Review*, 2006, 31(3): 721–737.

[43] Langley A. Strategies for theorizing from process data[J]. *Academy of Management Review*, 1999, 24(4): 691–710.

[44] Langley A, Smallman C, Tsoukas H, et al. Process studies of change in organization and management: unveiling temporality, activity, and flow[J]. *Academy of Management Journal*, 2013, 56(1): 1–13.

[45] Laurell H, Achtenhagen L, Andersson S. The changing role of network ties and critical capabilities in an international new venture's early development[J]. *International Entrepreneurship and Management Journal*, 2017, 13(1): 113–140.

[46] Lewis M W, Smith W K. Paradox as a metatheoretical perspective: sharpening the focus and widening the scope[J]. *The Journal of Applied Behavioral Science*, 2014, 50(2): 127–149.

[47] Lounsbury M. Institutional rationality and practice variation: new directions in the institutional analysis of practice[J]. *Accounting, Organizations*

and Society，2008，33(4)：349-361.

[48] Lüscher L S，Lewis M W. Organizational change and managerial sensemaking：working through paradox[J].*Academy of Management Journal*，2008，51(2)：221-240.

[49] Madsen P M. These lives will not be lost in vain：organizational learning from disaster in US coal mining[J].*Organization Science*，2009，20(5)：861-875.

[50] Mahmood I P，Zhu H，Zajac E J. Where can capabilities come from? Network ties and capability acquisition in business groups[J].*Strategic Management Journal*，2011，32(8)：820-848.

[51] Mitchell J C. *Social networks in urban situations：analyses of personal relationships in Central African towns*[M].Manchester University Press，1969.

[52] Morgeson F P，Mitchell T R，Liu D. Event system theory：an event-oriented approach to the organizational sciences[J]. *Academy of Management Review*，2015，40(4)：515-537.

[53] Neuman E J，Davis G F，Mizruchi M S. *Industry consolidation and network evolution in US global banking，1986—2004*[M].Boston：Emerald Group Publishing Limited，2008.

[54] Pache A C，Santos F. Inside the hybrid organization：selective coupling as a response to competing institutional logics[J]. *Academy of Management Journal*，2013，56(4)：972-1001.

[55] Padgett J F，Powell W W. *The emergence of organizations and markets*[M].New Jersey：Princeton University Press，2012.

[56] Pavlou P A，Sawy O A E. *Decomposing and leveraging dynamic capabilities*[C].Anderson Graduate School of Management，University of California，2006.

[57] Poole M S，Van de Ven A H. Using paradox to build management and organization theories[J].*Academy of Management Review*，1989，14(4)：562-578.

[58] Powell W W，White D R，Koput K W，et al. Network dynamics and field evolution：The growth of interorganizational collaboration in the life

sciences[J]. *American Journal of Sociology*，2005，110(4)：1132–1205.

[59] Rao H，Monin P，Durand R. Institutional change in Toque Ville：Nouvelle cuisine as an identity movement in French gastronomy[J]. *American Journal of Sociology*,2003，108(4)：795–843.

[60] Rihoux B，Ragin C C. *Configurational comparative methods*：*qualitative comparative analysis (QCA) and related techniques*[M]. London：Sage Publications，2008.

[61] Smith W K，Lewis M W. Toward a theory of paradox：adynamic equilibrium model of organizing[J].*Academy of Management Review*，2011，36(2)：381–403.

[62] Teece D J. Explicating dynamic capabilities：the nature and microfoundations of (sustainable) enterprise performance[J].*Strategic Management Journal*，2007，28(13)：1319–1350.

[63] Van de Ven A H，Huber G P. Longitudinal field research methods for studying processes of organizational change[J].*Organization Science*，1990，1(3)：213–219.

[64] Yogev T，Grund T. Network dynamics and market structure：the case of art fairs[J].*Sociological Focus*，2012，45(1)：23–40.

[65] Wright A L，Zammuto R F. Wielding the willow：Processes of institutional change in English county cricket[J].*Academy of Management Journal*，2013，56(1)：308–330.

[66] Wang C L，Ahmed P K. Dynamic capabilities：a review and research agenda[J].*International Journal of Management Reviews*,2007，9(1)：31–51.

[67] Yin R K. *Case study research*：*design and methods*[M]. London：Sage Publications，2003.

[68] Yin R K. *Casa study research*：*design and methods(4th)*[M].London：Sage Publications，2002.

第二章　企业成长动能整合的理论评述

本研究对网络关系行为的悖论循环过程如何释放动态能力这一主要问题的研究是基于网络关系、悖论和动态能力三种理论，因此本章将回顾这三大理论并建构本研究的理论基础。

第一节　网络理论

一、网络关系理论的基本观点

20世纪50年代，一些社会人类学家为研究不同社会群体之间的链接关系开始系统地发展网络概念，社会网络理论紧随其后的兴起。学者Polanyi

（1957）基于结构功能主义，通过网络对涉及结构进行描述与分析，探讨了社会文化体系如何影响社会群体行为活动的具体行为。Radcliffe-Brown（1952）正式提出了“社会网”概念，并将其运用在分析社会分配和社会支持中。Hakansson（1987）指出网络的基本要素由行动者、行为的发生和资源组成。行为主体包括了个体、组织，比如个人、企业、企业群等。社会网络中的活动主要体现在网络中行为主体内部与外部知识、信息传递、交易等资源和生产要素流动的相关活动。资源包括了所有的物质、人力、金融等资产。网络的产生是基于有行为能力的行为主体参与到活动中进而使资源发生流动，从而产生正式和非正式的关系。尽管诸多学者从不同视角探讨了网络概念的多维性，但都强调了在网络中行为主体的不同行为促进的交互活动使主体之间存在相互依赖和交流的依存关系，而这种依存关系促进了价值的实现。因此本研究中，主要从关系维度进行网络的定义，即由各行为主体之间的交互活动促进信息、资源、机会获取过程中形成的关系所构成的系统，即网络。

一直以来社会网络关系的研究应用于个人层面和组织层面。在个体层面上以Granovetter（1973）为代表撰写的强大的弱关系为代表，提出个体之间的网络关系重叠程度直接受到彼此之间关系强度的影响，而强度影响了信息的传递、工作机会的流动以及社区组织，并指出弱关系是具有强于强关系的凝聚力。弱关系的重要性在于关系之间行为主体形成的桥梁，创造了更多、更短的路径。在信息传递的时候，由于弱关系涉及接触更多的人，能穿过更大的社会距离，因此弱关系的传播能力超越了强关系。同样，在知识传递方面鉴于弱关系与强关系的差异，弱关系形成更有利于异质性的知识汇聚，使行为主体获取多元的知识，这是对知识的一种探索；强关系由于关系之间的覆盖，以至于知识传播过程中形成更多的冗余即形成同质性的知识，其更多体现对知识的利用（Nooteboom，2000）。在组织层面，大多数的研究学者一致认同组织镶嵌在与其他组织行动者的多元关系网络中（Granovetter，1985），如果将组织视为在人际社会交易中的一个独立的单元，那必然无法获知整个组织行为的全貌（Granovetter，1985；Gulati，1998；Gualti等，2000）。相关研究表明，组织层面的网络关系的形成是基于资源获取的，因为通过企业间关系与网络识别、获取和利用外部的互补性资源为组织获得了竞争优势（Pfeffert 和 Salancik，1978；Zajac 和 Oslen，1993；Amit 和 Schoemaker，1993；Gulati，1995）。同时，Richardson（1972）研究指出组织间的网络关系是企业获得外部互补性资源的重要方式。网络关系嵌入对个体与组织的影响源自网络关系的属性，本研究从网络关系的多样性、强度属性对现有经典文献进行回顾与评述。

多样性：Ahuja等（2012）将网络关系的多样性定义为在同一类行为者之间有不同类型的多重关系。在组织层面，多样性的网络关系对社区生态组织网络有着极其重要的作用（Wang等，2016）：它有利于加深合作伙伴或是成员之间关系强度和关系类型的维持（Provan等，2005）。其他研究也越来越密集地证明在合作伙伴之间的多样性和信任（Provan，Isett 和 Milward，2004；Luque等，2011）。在组织之间的合作关系中，多样性影响组织之间网络的共同演化（Lee 和 Monge，2011）。在个体层面，多样性能提高个体的绩效，这种影响成倒U形（Methot等，2016），但多样性的网络也往往会造成网络重叠。同时，多样性关系因为彼此的共享能普遍提升社会资本以及在工作网络的中心性（Adler 和 Kwon，2002；Methot等，2016）。

除此之外多样性关系比单一性关系更利于高质量信息的流动（Lazega 和 Pattison，1999）。但是多样性的关系也存在一些限制，如所有的关系都是非常昂贵的，因为人们会花费大量的时间去沟通和促成信息的交换（Hansen 等，2001；Carpenter等，2003；McFadyen 和 Canella，2004）。多样性的关系会有更高的关系维护成本和更高的社会资本（Adler 和 Kwon，2002）以及多样性的关系会带来心理压力和冲突。

强度：Granovetter（1973）和Burt（1992）提出网络是由强、弱关系组成，这两种关系的属性影响网络的运作和结构。强关系是根据行为主体彼此在某段时间活动的频率而定义（Granovetter，1973；Uzzi，1997，1999）。强关系更有利于培养信任、相互作用和社会资本（Gulati，1995；Larson，1992；Nahapiet 和 Ghoshal，1998）。弱关系与强关系是相对的，它和强关系的区分最主要的是在关系之间的亲密度，它涉及频率和持续接近（Dyer 和 Singh，1998）。

不同强度的关系对知识传递有着不同的影响：强关系有利于知识的利用，而弱关系有利于知识的探索（Nooteboom，2000）。组织之间紧密的关系在知识的交易和创造团队标准、信任方面有积极的作用（Coleman，1988）。但是相关研究学者指出紧密的关系又因为增加冗余限制了组织绩效（Burt，1992；Gargiulo 和 Benassi，1999；Uzzi，1997，1999）。同时Uzzi 和 Gillespie（2002）发现组织过度依赖嵌入性的关系，它封闭了自己从外部获得新资源的能力。在个体层面，Jack（2005）提出小型初创企业中的强关系对弱关系具有"唤醒"作用，能更直接快速地实现交易。Mariotti 和 Delbridge（2012）于Granovetter划分的强、弱关系外，增加两种关系：潜在关系（potential ties）和休眠关系（latent ties）。这四种网络关系在某一段时间内呈动态变化，行为者有效地管理这些关系可以避免组织之间的网络负载和冗余。越来越多的学者对潜在关系和休眠关系有了更多的认知。比如McCarthy 和 Cannella（2015）指出休眠关系在员工组织承诺中有极强的影响；Walter等（2015）发现企业执行者更容易选择通过曾经花费很多时间积累的休眠关系去达成目标；Reagans等（2015）提出未被分享的第三方（potential ties）对知识重叠和知识传递的影响。

二、网络关系的嵌入

Granovetter（1985）指出经济行为活动是嵌在真实的、正在运作的社会关系系统之中，所有企业都处于社会网络嵌入中（Gimeno等，1996；Gulati，1998）。同时Granovetter（1985）从嵌入性概念出发，将网络的嵌入分为了关系嵌入和结构嵌入。关系嵌入是指网络中的行动者之间的关系影响了经济行为和产出；结构嵌入是指网络关系结构影响了经济行为和产出。Burt的结构洞理论强调了网络的关系与位置，而关系嵌入与结构嵌入二者之间的关键区别在于关系嵌入强调行动者之间的关系，而结构嵌入强调行动者的位置。相关研究表明，网络关系的嵌入对组织管理者的行为选择产生了限制，企业自身的竞争性行为会受到影响，竞争者的行为同样也受到了限制（Gnyawali 和 Madhavan，2001）。

随着研究的进一步发展，社会学家林南基于Granovetter强大的弱关系与嵌入性理论提出社会资源理论即社会资本。该理论认为嵌入在行为者所属的社会网络中的资源不是被个人直接支配的，而是通过它所嵌入的直接或间接的网络关系来获取。随后诸多学者围绕嵌入性的概念进行了扩展研究。例如对嵌入性概念的深入研究（Zukin，1990；Halinen 和 Törnroos，1998），市场经济环境下网络关系演化中嵌入性的作用分析（Halinen 和 Törnroos，1998），综合国外学者有关嵌入性的主要观点整理如表2–1所示。

表2–1　国外嵌入性研究的观点整理

学者	文献	主要观点
Granovetter，1985	Economic action 和 structure the problem of embeddedness	经济行为是嵌入在真实的，正在运作的社会关系系统中，提出关系嵌入和结构嵌入
Grabher，1993	The weakness of strong ties：the lockin of tegional development in the area	将嵌入性概念运用在产业网络的研究中
Levi 和 Pellegrin–Rescia，1997	A new lock at the embeddedness/disembeddedness cooperatives at terms of reference	提出嵌入性对立的概念——非嵌入型，并对两者进行区别
Uzzi，1997	Social structure 和 competition in interfirm nerworks：the paradoc of embeddedness	基于Granovetter划分的强、弱关系概念，将组织之间的交易关系归纳为独立企业关系和嵌入性关系
Halinnen 和 Tomroos，1998	The role of mebeddedness in the evoltution of business networks	将网络关系嵌入性概念用于企业网络的分析；并对网络嵌入性进行分类
McEvily 和 Zaheer，1999	A Bridging ties：a source of firm heterogeneity in competitive capabilities	关注社会网络关系嵌入的结构位置对行动者行为和绩效产生的重要影响
Gulati，1998	Alliances 和 networks	对三种不同的嵌入进行区分：关系嵌入、位置嵌入和结构嵌入
McEvily 和 Marcus，2005	Embedded ties 和 the acquisition of competitive capabilities	关注关系嵌入对信任、信息共享和共同解决问题与企业竞争能力之间的关系

续表

学者	文献	主要观点
Al-laham 和 Souitaris，2008	Network embeddedness 和 new-venture internationalization: Analyzing international linkages in the German biotech industry	从国际化方面讨论嵌入本地网络关系的组织能够获得较高的声誉水平
Kistruck 和 Beamish，2010	The interplay of form，structure，and embeddedness in social intrapreneurship	通过案例研究指出知识嵌入、网络嵌入和文化嵌入对组织创业行为的限制作用
Wang 和 altinay，2012	Social embeddedness，entrepreneurial orientation 和 firm growth in ethnic minority small businesses in the UK	研究指出网络关系嵌入对企业的创业导向有正向的影响
Dong，Liu 和 Zheng，2015	Opportunism in Distribution Networks：The Role of Network Embeddedness 和 Dependence	研究关注了关系嵌入与结构嵌入对机会主义行为的影响

[资料来源：参考朱顺林（2012），本研究补充整理]

与此同时，国内学者基于Granovetter（1985）提出的关系嵌入和结构嵌入展开了多元角度的相关研究。在关系嵌入方面，许冠南（2008）等建构了关系嵌入性如何影响组织技术创新的理论框架，研究发现企业间的信任、信息共享和共同解决问题能够促进企业对知识的获取和利用；而另有研究指出关系性嵌入对企业选择合作技术创新伙伴的影响并不明显，反而结构性嵌入的影响比较显著（郑登攀和党兴华，2012）；而在知识流入和管理创新绩效中网络关系的嵌入性对其存在正向影响（谢洪明等，2012）。另外有学者基于传统产业集群的创新网络中结构性嵌入对集群企业创新绩效的影响进行分析（范群林等，2010）。有关学者就关系和结构嵌入性进行一并分析，例如李新春等（2009）将嵌入性——市场新关系网络与家族企业创业的关系进行实证研究；在非金融保险上市公司中CEO网络关系嵌入性对企业价值实现过程中的变化有正向的影响作用（王福胜和王摄琰，2012）。

三、网络关系行为观点

Granovetter（1985）指出由于网络关系的嵌入，企业行为也深深嵌入在企业所在的网络体系之中。在网络关系情境下为了赢得生存和可持续发展，企业所发出的行为活动成为关键。关于市场竞争的研究框架由确定性转向动态分析的发展趋势。研究竞争的动态性应该关注行动与反应这两个关系；应集中关注行动者在面对竞争者时的竞争性行为会做出怎样的决策，正如Chen（1996）研究所描述的动态竞争理论关注了个体行动者的竞争逻辑：感知竞争的竞争行为——行为动机——自我能力评估——行动。当前组织与个体处于复杂系统中，行为主体为适应复杂系统形成了适应性行为，这种适应性行为具体指在复杂系统中具有适应能力的主体与环境以及与其他主体行为进行交互作用，在持续不断的交互过程中，不断地进行学习和经验积累，并根据所学习到的新知识、经验等改变自身的结构与行为，在适应过程中发生整体性的演化（谭跃进和邓宏钟，2001）。在经典的社会网络研究中，嵌入性理论（Granovetter，1985）和结构洞理论（Burt，1992）都在不同程度上关注和解释了网络行动者行为与社会结构之间的互动关系。随着网络动力学研究的发展，通过个体主义的分析方法网络化被认为是个体应对复杂外部环境作出自适应反应的自主构建过程，对网络的演化过程进行分析，强化了网络关系演化的理解（Rowley 和 Baum，2008），另有学者指出外部环境使网络内部通过网络的扩散、互动、巩固和收缩四种形式进行网络关系演化（Koka等，2006）。这也正体现了“组织与环境”之间的互动以及共同演化的思想，该思想的本质是组织融入网络关系过程中促进网络关系的演化是组织适应环境的过程（March，1991；Tan 和 Litsschert，1994；Koza 和 Lewin，1998；Tan 和 Tan，2005）。组织的行为与网络的演化过程实际也体现了组织应对动态环境过程中企业适应性行为与网络关系共同演化过程（吴结兵和郭斌，2010）。有学者就产业集群方面研究指出企业适应性行为与网络化的交互影响推动集群发展，特定的行为主体发出的适应性行为与网络关系的相互匹配、交互作用推动集群发展的动态变化（吴结兵和郭斌，2010）。换句话说，组织之间的网络关系形成企业间的互动结构，成为企业行为嵌入的背景，而由于网络关系与外部环境的交互，形成了动态的环境，因此又不断地影响企业的行为选择和行为效果。

组织适应复杂系统过程中，网络关系情境下的行为主体为了赢得生存与发展发出适应性行为，但是随着经济技术发展，信息全球化使得外部环境具有高度的不确定性，个体与组织并不能认知或预见到谁是竞争对手，也不能判断机会从哪里产生，而是更多地感受到环境对自身网络关系的干扰和网络中资源、机会的产生与消失（罗家德等，2014）。有研究学者指出在新兴的战略创业理论中强调创造机会的行为和寻求竞争优势行为的平衡（Ireland等，2003），因此有学者提出了网络和资源决策的建构性逻辑（Sarasvthy，2007），这个过程描述了组织并不是对已经确定的目标制定出一系列的战略行为，而是需要通过一系列的调查评估、不断调整目标，并时时地对行动作出修正。因此建构性逻辑剖析了组织在从手段到目的的实现过程中是具有能动性的。越来越多的研究认为，组织自身的适应性和能动性行为在适应复杂系统过程中交替主导（Tan 和 Litschert，1994；Koza 和 Lewin，1998；Tan 和 Tan，2005）。有学者提出市场动态竞争是指行为主体彼此之间的关系、行为主体的行为和价值观念等复杂因素的系统，在运动的过程中，尽管行动者有针对性地进行战略行动，但是由于多因素导致的不确定性促使基于行动获得的资源、机会和组织战略规划并不完全协调，这就要求行动者必须保持弹性。因此，组织必须建立起网络中的行动逻辑——布局——不只是关注竞争对手，也不仅仅是实施某一种建构性行为，而是基于外部环境对社会网络产生影响，使网络关系处于动态变化状态，组织基于此获取可能的机会，修整既有的战略规划与目标，对自身的实力进行评估，再决定采用什么样的行动，建立或切断哪些关系（罗家德等，2014）。总体而言，布局是组织通过网络关系适应环境过程中的一种行动指导逻辑，主要体现在根据行为主体所处的情境、偏好等因素对不同网络与资源、机会的平衡过程。而网络关系的调整是布局的重要内容。从短期来看，行动者创造了关系，而从长期来看，网络关系也塑造了行动者。网络中的行动逻辑正是行为主体之间创造关系、适应关系的行为表现，实现组织长期的适应（Padgett 和 Powell，2012），这与Granovetter（2002）提出的脱耦与耦合之间的平衡相呼应。

基于复杂系统中网络关系的动态变化，行为主体通过适应行为与能动行为应对外部的不确定性。March（1991）指出在适应外部不确定性的环境时组织会采用探索式和利用式两种基本的战略，其中探索式战略是以发现、实验、效益、创新为主要特征，而利用式战略是以精练、质性、效率、选择为主要特征。由于行为主体在复杂动态环境中，就其自身而言，他们兼具个体网络和组织网络，就外部网络而言他们面临了情感关系、市场关系、层级关系和相关关系（Ahuja等，2012），他们需要不断地通过个体与组织网络之间的转换行为，实现外部网络的动态变化，从而形成最优网络来适应动态环境。这体现了行为主体基于网络关系情境下的适应性网络行为，这更多表现为利用式战略。由于网络关系嵌入程度不断深入，外部环境的动态变化，更需要行为主体的能动行为即网络关系能动行为。Granovetter（2002）提出通过平衡脱耦与耦合对复杂系统的适应，罗家德等（2014）基于平衡脱耦和耦合实现网络关系的疏密研究也证实了脱耦与耦合行为对复杂环境适应的作用。Powell等（2005）提出了通过网络关系聚类和网络关系扩散行为解释网络关系与组织演化过程。另外有学者认为联合制订规划和联合解决问题、组织间沟通也是网络关系行为的表现，有利于组织商业模式内容创新（Claro等，2003；云乐鑫等，2017）。综合国内外网络关系行为的研究文献如表2–2所示。

表2–2　国内外网络关系行为观点文献整理

学者	文献	主要观点
Granovetter，1985	Economic action 和 structure the problem of embeddedness	提出网络关系中行为主体的行动嵌入在网络关系中
Granovetter，2002	A theoretical agenda for economic Sociology	提出网络关系中的行动者通过脱耦与耦合实现网络关系变化
Simsek，Lubatkin 和 Floyd，2003	Interfirm networks 和 entrepreneurial behavior：a structueral embeddedness perpective	研究了网络嵌入性与创业行为之间的关系，认为创业行动如其他企业行动一样嵌入在企业的网络关系中
Echols 和 Tsai，2005	Nice 和 performance：the moderating role of network embdededness	网络关系嵌入对企业经营行为活动的影响

续表

学者	文献	主要观点
Powell，White 和 Koput，2005	Network dynamics 和 field evolution：The growth of interorganizational collaboration in the life sciences	通过网络关系的聚类行为形成小世界的网络；通过网络关系扩散行为形成大范围网络实现组织的成长
Mainela 和 Puhakka，2008	Emdeddedness 和 networking ad drivers in developing an international joint veture	指出国际合资企业合资经营是一个嵌入网络的过程，对于组织妥协、资源获取、合法化等是关系嵌入下的特征或行动
Opsahl 和 Panzarasa，2009	Clustering in weighted networks	通过网络关系聚类形成有利网络，并探究聚类效应的测量
吴结兵和郭斌，2010	企业适应性行为、网络化与产业集群的共同演化	网络关系情景化企业适应性行为对产业集群的作用机理
Rivera，Soderstrom 和 Uzzi，2010	Dynamics of dyads in social networks：Assortative，relational，and proximity mechanisms	网络关系嵌入是行动者行为的根本原因，行为如何影响双元关系形成、持续与消除的过程
罗家德，张田和任兵，2014	基于“布局”理论视角的企业间社会网络结构与复杂适应	适应复杂环境过程中通过平衡脱耦与耦合调节网络关系的疏密程度
云乐鑫，杨俊和张玉利，2017	创业企业如何对思想商业模式内容创新？——基于“网络—学习”双重机理的跨案例研究	明确指出网络行为是诱发商业模式内容创新的重要途径。网络结构和网络行为是商业模式内容创新的互补机理

（资料来源：根据参考文献整理）

四、相关研究评述

网络关系理论已经被广泛地运用在社会学、管理学中去解释各种现象。基于Granovetter（1977）强大的弱关系和Burt（1992）结构洞等为基础的网络理论被建立，以网络关系视角进行管理问题研究是一个重要趋势。基于Granovetter关系强度的研究基础，诸多学者提出了网络特征分析，但企业行为和绩效解释能力主要基于网络结构和网络关系两个维度的分析。结构视角以Coleman（1990）和Burt（1992）为代表，关注自我网络中关系的结构，是一种结构的、拓扑的方法，侧重关系的形式，涉及维度有网络的规模、范围、中心性等；关系视角的研究以Granovetter（1973）和Powell等（1996）为代表，主要聚焦于社会关系资源，关系被看成一个管道，实现信息、资源、机会的流动，其考察维度主要有网络关系的强度、多样性、动态性、持久性、质量等特征变量。

基于网络关系的特征基础，学者研究关于网络关系嵌入对个体、组织行为的影响。以Granovetter（1985）社会网络与经济行动的嵌入性为代表对网络关系嵌入性进行了定义、分类研究。林南基于此提出了社会资源理论及社会资本，从而逐渐衍生出基于网络对组织技术创新、知识流入和管理创新绩效、产业集群、家族企业创业、企业价值实现等一系列的相关研究。随着研究的持续发展，部分学者关注网络关系嵌入下行为主体的行为，基于复杂系统理论探讨网络关系行为的适应行为和能动行为，通过对网络关系属性、嵌入性以及网络关系行为的研究，可以准确把握网络关系对企业行为的影响，为分析网络关系与组织演化提供很好的基础。综上研究更多将网络关系作为一种情境即作为一种外部影响因素，但是越来越多的组织在网络关系中的嵌入程度日趋加剧，网络关系成为组织应对外部动态环境的基本背景。因此，有关组织与环境共演的过程网络关系成为基本研究情境，组织与网络关系同为主体也就形成组织网络关系行为，从而推动组织适应环境或能动地改变外部环境，同时组织网络关系行为也是网络关系自我演化的过程。因此，现有研究缺乏将网络关系作为研究的基础背景以及网络关系和组织视为同一主体时，组织应通过怎样的网络关系行为以及如何影响组织获得长期的生存与发展。

第二节 悖论视角

一、悖论视角的背景

随着组织面对的环境越来越复杂，组织不得不面临着越来越多矛盾的需求。为了更好地响应这些持续存在的矛盾，悖论视角被学术界和理论界所采用，并成为应对冲突的有效方式（Smith 和 Lewis，2011）。在过去的25年里，学者们不断地对悖论展开研究，悖论在哲学和心理学等领域中建立了分析的理论基础，并逐渐被应用在组织与管理现象的研究中。悖论的发展在定义上也从模糊逐渐清晰，但其本质主要是对冲突观点的接纳，而非排斥。根据Cameron 和 Quinn（1988）的说法："悖论的关键特征是矛盾以及彼此排斥的因素同时存在着。"诸多学者基于Cameron 和 Quinn（1988）对悖论的定义进行扩展研究（Poole 和 Van de Ven,1989;Lewis,2000），也有学者从关系视角、互动视角和辩证视角概括了悖论的定义（王建刚等，2017），这些定义都强调了要素是同时存在，但又相互排斥，并且是持续存在的。当前被认同的悖论定义被划分为两类：悖论是既在同一时间并存的矛盾，又会跟随时间持续存在并且彼此联系的要素（Smith 和 Lewis，2011）；悖论是相互依赖的元素之间持续的矛盾（Schad等，2016）。

基于Camero 和 Quinn（1988）、Lewis（2000）、Smith 和 Lewis（2011）、Schad等（2016）对悖论的定义，悖论被运用在管理科学的现象和分析层次上。在宏观研究方面描述了领域和组织层面的悖论，如合作与竞争（Nalebuff 和 Brandenburger，1997；Raza-Ullah等，2014），探索与利用（Andriopoulos 和 Lewis，2009）；利润与目标（Smith等，2013）。在微观层

面上，个人和团队层面的研究强调了新颖和效益的悖论（Miron-spektor等，2011），学习和执行（Van Der Vegt 和 Bunderson，2005），或自我聚焦和其他聚焦（Zhang等，2015）。研究表明，通过悖论视角不仅为管理科学中存在的多元形式的悖论提供了新的洞见，而且给理论的发展带来新的启示（Poole 和 Van de Ven，1989）。

二、悖论响应过程

（一）悖论认知

当代组织以及他们所处的环境变得越来越全球化、快节奏和复杂化。全球竞争要求各组织以低价出售高质量产品，并在满足不同地区需求的同时提供全球一致性服务（Marquis 和 Battilana，2009）。快速变化的商业环境造就企业产生创造短期利润和长期可持续发展两者不可调和的需求（Slawinski 和 Bansal，2015）。环境复杂性涉及广泛的利益相关者和利益集团，他们存在竞争但又有共同需求，这导致了困惑的选择（Scherer，Palazzo 和 Seidl，2013）。这些悖论冲突从潜在层次来看是组织嵌入了不同的制度逻辑（Besharov 和 Smith，2014）或多个组织身份（Besharov，2014；Fiol，2002）。高级管理人员经历了从战略式悖论中持续不断进行拉锯战（Smith，2014），同时中层管理人员和员工在日常工作实践中感到矛盾（Smets等，2015），社会情感关系（Fairhurst 和 Putnam，2012），以及个人身份（Kreiner等，2015）的复杂性。这些处处影响组织可持续发展的悖论冲突，更加强调了对悖论的认知和管理（Clegg 和 Cunha，2002）。

Smith 和 Tushman（2005）指出悖论认知促进行动者在认知过程中包容冲突与矛盾，并认同它们是对立且共存的，推动组织高层管理人员接受、容纳冲突以及相关联的经济文化、社会环境和思想意识，而不是消除它们（Hahn等，2014）。有学者从个体层面研究指出通过建立悖论框架能够促进行动者对冲突的感知，并能提高对矛盾的应对能力，促进个体层面创造力的发展（Miron-Spektor等，2011）。组织和管理者建立悖论框架可激活行动者识别并拥抱冲突（Smith 和 Tushman，2005），并能促进决策者注意到更为广泛的其他持续性事项，如在持续性维度间冲突矛盾的关系（Hahn等，2014）。Bertels 和 Lawrence（2016）明确提出悖论框架包含了组织成员对外部环境的解释、设定，从而对组织所参与的行动类型和范围产生影响，最终形成意义建构过程。

在不同的认知框架下也要求行动者采取不同的决策立场，有学者提出通过接纳和对抗这两种方式，一是表现为当组织采用接纳的方式时，通过消化和协同的管理行为；二是运用对抗的方式时可采纳对冲突彼此调整的管理行为（Hargrave 和 Van de Ven，2017）。由于外部环境日趋动态复杂化，促使组织加强了对悖论的感知，当外部环境的变化被组织视为模糊时，就会通过相关行为活动来包容悖论（George等，2006）。基于此组织运用悖论框架，促进悖论认知对矛盾需求的认识和阐释，以及将冲突需求作为社会构建，进一步推动组织在参与悖论过程中由被动转为主动（Sharma 和 Bansal，2017）。

（二）悖论动态均衡

悖论体现了一种动态、整体的视角。管理者通过意义建构的过程（Hahn等，2014）和与悖论响应的相关策略组合使用，从而形成应对悖论的动态过程。有学者提出战略冲突平衡过程中可运用悖论框架和执行悖论式认知，并指出了管理战略矛盾的模型（Smith 和 Tushman，2005）。随后 Smith 和 Lewis（2011）基于悖论先前的研究基础提出了组织悖论动态均衡模型，该模型阐述了悖论式冲突从隐性转向显性后，组织应通过拥抱冲突、分析与整合管理策略以实现悖论式良性循环，促进组织可持续发展。同时由于悖论的动态过程体现了应对冲突过程的时间变化趋势（Knight 和 Paroutis，2017），悖论的动态响应也是一个动态过程的体现。Jarzabkowski等（2013）研究提出了以经验为基础的过程模型，阐述了管理者如何应对悖论冲突，并指出随着时间变化组织悖论、归属悖论和执行悖论是呈共同演化状态，不同类型的悖论彼此之间呈递推关系，并随着时间的改变应对悖论冲突产生积累性的影响。此外，另外有学者提出了高层管理战略悖论的动态决策模型（Lewis 和 Smith，2014），该模型阐述了战略悖论是彼此交融，在应对悖论冲突时应采用持续的但并非一致的策略，以实现对执行悖论作用在现实中的区别和整合。Kozica等（2015）研究显示在响应悖论冲突的动态过程中，组织保持了冲突不稳定的稳定状态即呈现不间断的渐进式变化（Bouncken，2015），并因此促进当前冲突随着时间的推移转变成一种新的冲突（Beech等，2004；Quinn 和 Cameron，1988；Fredriksson 和 Pallas，2017）。

当前多重制度逻辑的研究也是不断对响应悖论冲突的动态过程的探索，多重制度逻辑的融合也体现了悖论动态均衡这一思想。当前有关制度复杂性的研究已经表明一些组织由于对多方面的期望而导致了不同制度逻辑之间产生冲突（Binder，2007；Purdy 和 Gray，2009；Reay 和 Hinings，2009）。这些研究都与组织内部冲突、外部持续改变与制度复杂性相关（Glynn，2000；Townley，2002）。悖论中的防御战略成为组织处理冲突的逻辑（Purdy 和 Gray，2009；Reay 和 Hinings，2009）。有学者研究提出对组织所处物理空间、心智空间和社会空间进行重构，促进组织响应冲突过程中的制度需求从妥协转向面对的响应过程（Battard等，2017）。另外有学者基于网络关系视角对制度逻辑融合进行探索，Greenwood 等（2011）提出在组织应对复杂制度逻辑中，组织的网络也是其重要的影响因素，网络关系影响组织成员嵌入的某种逻辑的程度。Besharov 和 Smith（2014）以中心性和相容性维度分析了组织多重逻辑的类型，并指出强关系有助于巩固某种逻辑的影响，弱关系削弱这种影响，但能增强在处理多种逻辑时的相容性（Greenwood等，2011）。关于中心性维度方面网络关系行为主体所处位置或所连接的关系越强，那他所坚持的逻辑会更集中、更稳固（Greenwood等，2011），同时组织网络关系所处的位置对组织成员的行为造成影响，也因此改变制度逻辑在组织以及成员中的影响（Pache 和 Santos，2013）。

悖论动态循环形成的过程主要集中于两个对立面之间或是冲突要素之间的平衡（Bloodgood 和 Chae，2010）或悖论管理（Yoon 和 Chae，2012），借此以同时实现看似不相兼容的多种战略目标。组织拥有平衡冲突要素以及如何平衡的能力成为关键。有学者提出了采用空间和时间分离方法来对悖论冲突中的要素进行管理（Poole 和 Ven de Ven，1989），但其并未同时解决矛盾目标。有研究指出悖论视角可以促进组织同时通过探索与利用实现矛盾目标（Papachroni等，2015）。建立冲突要素之间的动态平衡可以通过维护对立要素的动态变化，两者之间呈现弹性状态（Kreiner等，2015），即两对立要素在不同的时间阶段处于不同的地位（主导或是辅助），这不仅能促进冲突之间的延展性，还能确保两要素的同时存在。比如对于组织发展而言，探索与利用是需要同时存在的（Tushman 和 O'Reilly，1996），同时需要不断地平衡探索与利用才能维持可持续发展（Raisch等，2009）。在技术创新方面网络关系的强度提升利用性创新、跨度提升探索性创新，但探索与利用之间是持续地保持平衡状态（余菲菲等，2013）。此外，Putnam（2015）研究指出基于辩证思维冲突两要素之间的转换也体现了二者之间的持续交互，比如隐性知识转化成显性知识是形成螺旋式的知识创造过程，并使组织获得新知识（Nonaka 和 Takeuchi，1995；Nonaka 和 Toyama，2002）。

（三）悖论视角下的双元性

Duncan（1976）第一次提出了在组织中基于探索与利用的双元结构即建立双元性组织来实现企业管理能力的改变。Tushman 和 O'Reilly（1996）运用双元性组织这一概念对组织的演化式变革和革命性变革展开探索，研究关注了两种不同类型变革中的结构性分离（Birkinshaw 和 Gupta，2013）。基于Duncan的研究March（1991）提出了探索与利用是不同的学习活动，在组织生存与发展过程中两者是不可或缺的，但在组织内部两者都会对稀缺资源进行抢夺，因此组织不得不寻求探索与利用活动的平衡。但对于双元性的定义一直是模糊不清的。O'Reilly 和 Tushman（2013）提出组织的双元性表示组织可以在同时间内实现两个具有矛盾性且不相融合的目标的能力。对于两个不同目标的管理体现了组织管理层能力（Birkinshaw 和 Gupta，2013），O'Reilly 和 Tushman（2008）指出这就是一种动态能力。同时Nosella等（2012）的研究也印证这一观点。有学者提出情境双元性的概念，它区别于结果导向的双元性，具体含义是指业务单元上同时获得异质性与适应性的能力（Birkinshaw 和 Gupta，2013）。尽管当前研究对双元性定义进行了界定，但其真正的内涵并没有达成一致的认知。

由于外部环境具有不确定性，总是瞬息万变，双元性作为组织的一种能力，它能够对此做出快速的响应使组织适应环境的变化（O'Reilly 和Tushman,2013）。有学者就影响组织获得双元性的因素进行了研究（Simsek，2009），通过组织内部、组织之间和环境三个层面进行了探讨，研究指出在组织内部的双元结构、行为情境和高层团队行为有利于组织培养双元性；而组织之间主要考察了组织之间的网络，其所在网络的中心性越高和拥有多样的关系越有利于双元性的形成（Powell等，1996）；在动态复杂的环境中组织生存和发展的需求促使其建立双元性。企业在追求双元性时成为冲突形成的根源，有学者研究发现，在双元性的战略情境下，行为主体会主动对产生的冲突进行管理，由于对冲突有不同的界定，因此这些冲突又被认为是互为补充，但又彼此矛盾的，应对它们的策略需要通过整合、时间平衡或分离（Papachroni等，2016）。这也是从路径依赖的视角阐述了组织如何在实践中追求与构建双元性（Bledow等，2009）。由于发展双元性导致了冲突的产生和使冲突具有嵌套性，同时也促进个体与组织两个层面分别嵌入在整体情境中应对冲突。由此，Mom等（2009）指出双元性的研究逐渐转向对培养双元性的能动性的研究。

在对双元—绩效关系的研究中，研究发现双元性对组织销售成长（Auh和Menguc，2005；Caspin Wagner等，2012）、创新（Phene等，2012；Sarkees和 Hulland，2009）、市场评估（Goosen等，2012）和公司生存（Laplume 和Dass，2012；Tempelaar 和 Van de Vrande，2012）产生影响。基于这些研究，有学者关注到组织与个体的双元角色对组织的影响：Smith 和 Tushman（2005）指出，在关于高层管理人员能够处理战略管理中的冲突问题方面，双元性角色扮演了极其重要的作用。多元的角色能帮助团队成员从关注竞争转移到关注个人的战略计划和公司的战略计划上（Gilbert，2005）。Kaya 和Banerjee（2015）讨论了在Sarbanes-Oxley Act的组织以及公司董事会成员双元角色特征的短期和长期影响。一些学者对个体层面的双元性角色也进行研究：Purwanegara 和 Garnida（2015）提出在网络媒体使用SNS的用户拥有双元性的角色——消费者和供应商，他对传统模式的流行时装市场有很大的冲击；Graham，Dixon 和 Hazen-Swann（2016）指出在青少年的运动中，父亲扮演了父亲与教练/志愿者的角色，这样的角色影响了参与者与体育机构建立。组织或个体成为悖论的主体，基于悖论思想对自身角色身份的平衡管理实现了绩效的提升。

（四）权变与悖论响应行为

随着组织面临外部环境的动态化与复杂化，在应对冲突的响应方式中存在权变式与悖论式响应方式的争议。有学者就权变理论和悖论理论作为应对冲突的两种元理论进行了对比研究（Lewis 和 Smith，2013）（见表2-3）。

表2-3 权变与悖论对比

角度	权变	悖论
冲突处理方式	通过分离解决问题	通过持续的不断的平衡解决问题，获得长期的成功
核心前提	适合——管理决策联盟和权变积极影响	共存——接纳并对行动者生活产生积极影响，使之在冲突中成长
首要解决问题	什么条件下选择A或B?	如何使A和B紧密结合?
思想形式	If-Then常规逻辑，理性的决策制定	Both-And 悖论式思想，整体和动态决策制定
解说原型	通过时间上对探索与利用的分离，学习与绩效定位强调了依赖情境	通过结构上形成探索与利用的双元和动态能力；学习与绩效定位关注于团队双元定位对长期绩效的影响

（资料来源：Lewis 和 Smith，2013）

权变理论的发展是源自组织机构、技术和战略的基础研究（Galbraith，1973；Rogerson，1965）。Qui 等（2012）对权变理论的发展进行了详尽的解释，研究强调冲突在组织中产生时，权变理论思想的核心前提是围绕“适当”——适当的管理决策和权变对绩效带来的积极影响。因此，权变关注了在什么条件下选择A或B，例如灵活性或控制、效率或创新、改变或稳定。这种“if-then”的思想就是通过常规的逻辑建立理性决策。研究试图证实在对立选择中的利弊，同时考虑当前情境，提供最适合的选择。在早期研究范式中，通过对结构和策略的匹配（Chandler，1962）、领导力风格与形式（Campbell 和 Fiedler，1967；Ayman等，1995）、结构与外部环境对其进行了说明（Lawrence 和 Lorsch，1967）。当前研究更多考虑复杂性通过多维配置检测大量管理决策与权变之间的相互作用（Qui等，2012）。

悖论理论与权变理论在其方法和基本假设上存在分歧。研究学者认为冲突的处理是一种无处不在且持续不断的挑战，也是推动组织获得长期绩效的力量。因此，悖论的核心前提不是解决问题，而是如何保持共存。通过接受和参与让行动者在冲突中生存与发展。悖论思想建立的是both/and的思想，是一种整体的、动态的思维模式，探索应对持久性冲突的协同可能。有关探索与利用，学习与表现这两个冲突的研究能够阐释权变理论和悖论理论作为元理论之间的异同。两个理论视角都指导组织应对冲突，探索与利用提供了两个矛盾战略，有助于形成管理认知的一致性。利用要求管理者使用收敛性的思维、利用现有资源规避风险；探索则相反，要求管理者探索新的并涉及发散思维、实验和冒险。在结构上权变要求两者剥离，而悖论讲究双重的灵活性（Raisch 和 Birkinshaw，2008；Tushman 和 O'Reilly，1996）。在微观上学习与绩效之间存在冲突，权变强调了学习与绩效导向之间的区别，讲究每个最有效的条件，而悖论认为学习与绩效之间彼此促进，两者相互作用是有利于长期绩效的。

三、悖论响应结果

组织基于悖论视角对冲突的处理能够拥有持续性与优异绩效（Smith 和 Lewis，2011）以及长期的核心竞争力（Heracleous 和 Wirtz，2014），这种持续性表示组织不但能够实现短期绩效，而且能够维持企业长期绩效（Lewis 和 Smith，2013），这也体现组织的长期目标和短期目标之间需要保持一种动态均衡。研究主要体现在保持悖论对立面间的动态平衡有利于企业运用其所拥有的核心竞争能力弱化自身的弱势，进而促进企业长短期绩效的提升（Cao等，2009；Raisch等，2009）；Rothaermel 和 Alexandre（2009）的研究显示，这对创新有正向作用，Sheep等（2017）的研究也印证了此观点；Yoon 和 Chae（2012）指出，这对能力构建有正向作用。

Poole 和 Ven de Ven（1989）指出组织转型与变革的成长过程中冲突所蕴含的对立力量是其重要基础。因此，悖论管理是有利于推动组织变革，进而成为企业获得可持续竞争能力的来源。通过维持悖论对立元素间的动态均衡以促进组织建立弹性与高韧性（Smith 和 Lewis，2011），规避了在应对复杂环境过程中的适应性与僵硬性的悖论（Kapoor 和 Klueter，2015）。Lewi 等（2014）研究发现悖论思想强调同时执行竞争性需求，而不是仅仅针对某一竞争性需求，因而可以驱动组织战略部署的灵活性。同时，由于悖论的对立面通过持续不断地互动释放了组织的活性与张力，成为组织动态的构成基础，因此也推动了组织变革与转型。Malhotra 和 Hinings（2015）研究指出，连续性与变革的动态互动释放了转型能力，促进组织实施转型。

四、相关研究评述

外部环境日益的不确定、动态和复杂，悖论视角的嵌入为理解复杂的组织与管理现象提供了新的洞见（Poole 和 Ven de Ven，1989）。尽管当前悖论的研究文献主要集中在悖论的类型、响应行为以及连锁的结果（Schad等，2016）。针对悖论的响应行为，当前研究已经涉及了不同的方法来管理悖论式冲突，如探索与利用，通过对矛盾的活动进行分析（O'Reilly 和 Tushman，2008），随着时间的变化让两种矛盾在时间轴上产生震荡（Boumgarden等，2012），以及通过创造支持的组织情境来协调两者之间的冲突（Gibson 和 Birkinshaw，2004）。而空间和时间分离方式中类似权变理论视角对冲突的应对，并没有考虑两者同时存在的情况，而是尽可能地规避冲突双方的同时存在和互动，因此并不能有效地发挥冲突双方的动态协同效应（Stadtler 和 Van Wasenhove，2016），之所以会产生这样的结果是因为分离冲突消退了悖论冲突所能创造的创造性张力（Cameron，1986），只是达到短期对冲突压力的缓解（Lewis 和 Smith，2013）。

Smith 和 Lewis（2011）提出的悖论动态均衡过程模型，为研究者对纵向的过程研究和探讨悖论的动态性研究提供新的理论洞见。通过双元性动态平衡实现悖论的动态均衡，强调了探索与利用之间相互关联和相互驱动的性质，组织从两个过程的互补性中获得收益。但当前的研究依旧有限，未来需要对悖论的动态性、悖论动态均衡过程与外部环境互动关系等进行探讨（Schad等，2016），同时也需要进一步地探索如何利用双元的转换促进相互驱动的二元过程，但同时又减少彼此间内在的矛盾与冲突，促进组织动态能力的生存与释放。

悖论研究日益关注了情境的重要性，从制度与社会情境、组织情境以及特定的任务情境，这些不同的情境对响应悖论动态过程的影响，悖论类型与响应行为之间的对应意义。当前，网络关系的嵌入对组织经济行为影响日趋明显，网络情景下的企业发展也面临了悖论式冲突，如不同行为主体的网络关系强度、范围、行为等对绩效的影响，即冲突的角色、网络关系强度的悖论冲突等。因此，有关网络关系背景下网络关系行为建立悖论动态循环过程需要深入探究。

第三节　动态能力研究

一、动态能力概念的提出

20世纪90年代，Teece等（1994）基于Nelson等人的思想基础在对企业能力的研究中提出了“动态”的观点，第一个提出了动态能力的概念，具体概念为：有利于组织在应对动态外部环境中持续对内部资源和能力进行调整、整合和重构的流程，即“改变能力的能力”。随后Teece等（1997）基于当期四类主流战略模型的比较研究，并发展了动态能力战略模型，将对于全球化、技术进步和创新速度加快而形成的，在动态外部环境中获得竞争优势的管理认为是动态能力。“动态”阐述了组织通过持续变化、迅速回应和创新方式应对动态变化的竞争环境。“能力”则强调了对组织内外部的资源、技能和能力进行构建、整合和重构。因此，他们提出了动态能力的3P模型即流程——位势——路径。3P模型指出动态能力植根于组织流程当中，而这些组织流程又依托于组织的资源位势和过往经历演进的路径，流程、位势和路径决定了组织在竞争环境中的竞争优势。企业的资源位势主要关注组织独有且专向资产以及相互补给的资产，这些都是企业独有的，其他组织不能轻易获得，这代表了该组织的竞争优势；路径依赖是组织发展的重要方式，这对企业获取资源和能力产生一定限制；组织的动态能力则是一种组织惯性，就如低阶能力一样存在于组织的流程中。动态能力是位于低阶能力之上的一种能力，其表现为组织发展必要时会对资源进行调整、整合和重构，从而产生新能力，确保组织具有在竞争环境中竞争优势的流程。基于Teece等（1994）提出的动态能力概念，诸多学者给予动态能力不同的界定（见表2-4）。

表2-4 国外动态能力的研究界定

序号	作者	动态能力的界定
1	Teece，Pisano 和 Fary，1994	动态能力是企业响应外部动态环境对内外能力进行整合、构建和重新配置的能力。“动态”表示组织为了使其与外部环境波动保持统一步伐进而持续对自身能力的调整，“能力”代表组织对外部资源的整合和重构的能力
2	Eisenhardt 和 Martin，2000	动态能力是组织对内外部资源利用的过程，其主要关注“资源的获取、重构和整合来适应外部环境变化的过程”，动态能力有利于组织获得对新资源的配置和战略路径，进而应对市场变化
3	Zollo 和 Winter，2002	动态能力强调对一般能力的获取以及延伸、改变的能力，通过企业的集体学习，改变企业路径依赖，进而提高企业绩效
4	Zott，2003	动态能力是高于能力的能力，是组织的惯性流程，其引导组织对资源的配置和经营的过程
5	Zahra，Sapienza 和 Davdsson，2006	动态能力是组织对资源重构和惯性的能力，组织高层管理者通过合理的行为进行重构，关注高层领导团队和创业者的影响力

续表

序号	作者	动态能力的界定
6	Pavlou 和 Sawy，2006	动态能力是响应动态环境而对自身一般职能能力的重新构建
7	Wang 和 Ahmed，2007	动态能力是组织持续对资源和自身能力的整合、重构、更新和重建，通过不断地提升核心竞争力响应外部动态环境，进而获得并维持竞争优势的行为
8	Helfat，Finklstein 和 Mitchell，2007	动态能力是组织、有目的地创建、扩展或调整其资源
9	O’Reilly 和 Tushman，2008	通过对外部机会与威胁的感知与识别的能力
10	McKelvie 和 Davidsson，2009	组织具有创意、对市场产生破坏性，研发新产品和新流程的能力
11	Danneels，2010	组织通过对资源的剥离或释放能力
12	Drnevich 和 Kriauciunas，2011	组织具有开发新产品或服务、实施新业务流程、创建新的客户关系和改变经营方式的能力
13	Dixon，Meyer 和 Day，2014	动态能力通过适应性能力和创新性能力的循环互动而产生
14	Helfat 和 Peteraf，2015	从微观层面对个体分析提出通过对外部环境资源的辨别、获取和重构获得动态管理能力

[资料来源：参考穆文奇（2017），本研究补充整理]

二、动态能力的内涵

由于动态能力的概念存在分歧，以至于在管理学界对动态能力的内涵也未形成统一的认识。从研究视角而言，当前动态能力的研究主要涉及了四种类型：管理视角、技术视角、组织学习视角和演化视角，详见表2–5。

表2-5 动态能力四种视角的研究以及对应特征

研究视角	企业前提	代表学者以及主要思想
管理视角	企业融合了资源和能力	Teece，Pisano 和 Shuen（1997）指出动态能力是组织应对动态环境过程中对企业内外部能力进行整合、建构和重新配置的能力
		Griffith 和 Harvey（2001）提出企业的动态能力是创建的资源组合，是其他企业无法模拟的，进而获取竞争优势的能力
技术视角	企业包含了技术人员和战略决策者的技术系统	Iansiti 和 Clark（1994）动态能力是企业通过对其业务技能提升的进化过程来甄别和运用已拥有的技术知识能力
		Cetindamar，Phaal 和 Probert（2009）研究表明，动态能力来源于技术管理行为的动态过程，并关注对已有技术能力探索与利用，即企业应该强调怎样创建与现有资源的布局从而获得高于原有能力的新能力
组织学习视角	企业同时包含个体与集体所具有的知识互动	Zollo 和 Winter（2002）指出动态能力是通过三种学习机制的结果，包含了过往硬性经验的积累、知识的外在化和知识编码行为
		Zahra 和 Georga（2002）表示动态能力是对知识的探索与运用，从而促进组织获取并保持竞争优势的能力
演化视角	企业同时包含了一系列流程或常规惯例	Eisenhardt 和 Martin（2000）研究指出，动态能力是组织伴随市场的产生、矛盾、分裂、进化和衰退进而对资源重新匹配的组织流程，市场的变化影响了动态能力有效性的变化
		Zahra，Sapienza 和 Davdsson（2006）提出动态能力是高层管理人员通过某种合理的形式对资源和经营规范的重构管理过程

（资料来源：穆文奇，2017）

由上可见，多元的研究视角引发动态能力研究的分歧，就动态能力内涵而言，管理界存在几种观点。动态能力性质方面：当前存在三种分歧，一种是将动态能力视为特殊的能力，即“能力说”，以Teece等（1997）、Iansiti和 Clark（1994）、Zahra 和 Georga（2002）为代表；Zollo 和 Winter（2002）等指出动态能力被视为组织的一种稳定的行为模式，即组织惯例（“惯例说”）；Eisenhardt 和 Martin（2000）等将其视为组织在应对动态环境过程中对资源进行整合和重新分配的过程，即“流程说”。有关动态能力的作用对象方面："惯例说"或"能力说"都认为管理或能力是作用对象，Eisenhardt 和 Martin（2000）等的"流程说"表明动态能力的作用对象是企业资源。动态能力的目的方面：Teece等（1994）认为其目的就是应对日益加剧的不稳定环境，Eisenhardt 和 Martin（2000）指出动态能力不仅应对动态的外部环境，还可能通过动态能力使企业推动环境的变化，即成为竞争市场中游戏规则的创建人；另外有学者认为动态能力目的是企业获得短期或长期的绩效（Zollo 和 Winter，2002），Teece（2007）认为能够维持企业持续的竞争优势就是动态能力。动态能力的作用机理方面：Collis（1994）认为能力包含两种，一种是普通能力，其是"一阶"的，被视为组织的一种惯例；另外一种是动态能力，其是"二阶"甚至更高的，这是从"惯例说"角度看待动态能力。关于能力说，Winter（2000）基于Collis的思想基础，明确了普通能力和动态能力的区别：通过某种经营活动产出的产品被视为普通能力，改变能力的能力是动态能力。对于"流程说"，Eisenhardt 和 Martin（2000）提出企业通过对资源整合、重组、获得和释放进而与市场变化相匹配的过程是为动态能力。有学者提出组织除了要有资源和能力以外，还要通过动态能力促进资源功能的发挥，促进企业竞争优势与其他企业之间有所区别。有学者指出动态能力并不是获得企业持续竞争优势的根本原因，组织绩效的优劣主要是既有知识的差异（Eisenhardt 和 Martin，2000）。

不管是"惯例说""能力说"，还是"流程说"，这些观点对动态能力的认知具有一致性：第一，一致认定动态能力是一种高阶的能力，也是一种惯例流程。第二，动态能力势必作用于组织绩效。当前外部环境的日趋不确定性要求动态能力更加关注企业改变传统的基本能力，通过对自身资源的整合、重构、获取和释放出新的核心能力。这是将动态能力作为核心能力的延展，揭示了组织从拥有的资源到竞争优势的作用经过，对组织绩效产生影响。第三，动态能力具有"创造性特征"。诸多学者都强调了动态能力是对资源重构的过程（Teece等，1997；Eisenhardt 和 Martin，2000；Zahra 和 George，2002）。Teece（2007）和Barreto（2010）有关"创造性毁灭"的特征研究增加了组织对机会和威胁的觉察能力，同时也强调了组织高层管理的决策制定能力。第四，动态能力是具有主观能动性的。它是组织自发对新资源、机会和能力的探索以应对外部动态环境所需求的能力。Teece（2007）

研究组织中高层管理层在应对外部动态环境过程中所采取的决策行动，强调动态能力具有感知威胁并能同时抓住机遇的特征。

三、动态能力的维度划分

动态能力经过近20年的发展逐渐完善，冯军政等（2011）通过对国外动态能力维度划分的综述研究，将动态能力维度主要划分为两种倾向：一种是将企业整体行为维度扩展到组织认知方向；另一种是基于组织过程视角，动态能力被考虑成企业实践过程中具体的战略和过程的能力。

第一种倾向：基于行为维度扩展到组织认知维度。Teece等（1994）将动态能力划分为对资源的整合、构建和重新分配三种能力，并在1997年对其进行优化。随后在2000年，Teece提出企业在面对外部动态环境时，需要具有感知和捕捉机会的能力才能获得成功，并对此作出快速反应，以获得绩效的提升（Teece，2007）。Teece（2007）在对公司高层领导和决策层对企业战略影响的研究中将动态能力划分为对机会和威胁的感知能力、捕获机会的能力以及整合、维持、重建企业资产以维持竞争力的能力，这体现了组织对外部环境感知后所采取的一系列的行为活动。O'Reilly 和 Tushman（2008）基于组织双元性理论，将双元性也视为一种动态能力，并在Teec（2007）动态能力的研究基础上提出组织只有通过不断对外部技术和市场的探索、扫描才能提升企业对机会感知的能力。Barreto（2010）结合Teece的研究将动态能力维度划分为资源整合能力、重构能力、机会和威胁感知能力。冯军政等（2011）又对Barreto对动态能力划分的研究进行优化，提出动态能力是由机会感知能力、资源整合能力和资源重构能力构成。Dixon，Meyer 和 Day（2014）认为在应对动态环境中，动态能力是持续变化的过程，基于探索与利用将动态能力划分为适应性动态能力和创新性动态能力。适应性动态能力体现了组织在追赶和生存过程中的运营能力，创新性动态能力强调释放企业潜在的竞争优势，拥有独一无二的能力，这两种动态能力相互促进，彼此影响。

第二种倾向：动态能力被认为是组织在完成具体的战略和组织过程中的能力。Eisenhardt 和 Martin（2000）通过实证的角度认为在组织适应外部环境、学习以及重组的过程中，动态能力由组织具体的战略和组织过程的能力构成，包括了产品开发、联盟和战略决策能力。该研究将抽象的动态能力转化成具体的企业行为。基于该研究基础其他学者认为研发能力、销售能力、新市场开发能力、新技术开发能力等相关的运营能力也是动态能力（Wang 和 Ahmed，2007；Teece，2007；Macher 和 Mowery，2009）。这与Dixon等（2014）划分的适应性动态能力及运营能力相一致。Drnevich 和 Kriauciunas（2011）提出从新产品开发、新流程实施、新客户关系的创建和改变运营模式四方面对动态能力进行测量。

基于两种倾向的理论阐述，第二种倾向将动态能力过度地具体化。如果动态能力是处理企业市场竞争矛盾而开展的组织流程，随着外部环境日益的不确定性，不管是哪种能力都可以被认为是动态能力，这就再次将动态能力的概念变得更加模糊。由此，本研究采用第一种倾向，即对组织整体的认知意识和组织过程是动态能力。这源于Teece（2007）的三分法和O'Relly 和 Thusman（2008）的组织双元性理论，二者的结合认为，为了应对外部环境的动态变化，组织采取相应的应对行为的整个过程，动态能力是组织对外部环境的感知，能够去识别外部的威胁并能抓住外部机会对资源进行整合（利用）和重构（探索）。

四、动态能力与网络关系

Teece（2007）对动态能力的定义强调了整合、构建内外部资源和能力的能力，Eisenhardt 和 Martin（2000）指出组织内外部能力与企业外部网络关系之间是密不可分的，企业通过与外部建立的正式或非正式网络关系形成合作（Koka 和 Prescott，2002），可以使企业接触到不同的资源和能力（章威，2009）。类似的研究也指出动态能力不仅是对企业内部资源的整合，还包括与外部其他组织之间建立的联系，以促进能力的发展（McEvily等，

2004）。有研究指出网络因素影响了组织动态能力的构建与发展（Eisenhardt 和 Martin，2000；Zollo 和 Winter，2002），Doving 和 Goodetham（2008）研究指出，网络关系嵌入过程中关系的多元化可以使企业获得多元的能力和资源，有助于企业动态能力的形成以适应外部动态环境。另有学者从网络关系的强度研究探讨了企业对多元化知识和能力的获取，通过有效结合强、弱关系提升整体的知识整合水平和适应环境的能力（Tiwana，2008）。国内学者章威（2009）基于知识观理论，通过定量实证研究检验网络关系的嵌入有利于企业基于知识动态能力的提升，杜健等（2011）通过案例研究方法证实了网络关系嵌入对动态能力有正向影响，并建构了“网络嵌入性——动态能力——创新绩效”的理论研究框架，Mahmood，Zhu 和 Zajac（2011）也通过实证检验出多元、动态的网络关系是组织获取能力的来源，同时也使组织获得关键能力（Laurell等，2017）。

当前诸多学者对动态能力、网络关系与绩效之间的关系进行了研究。部分学者认为在动态能力与组织绩效方面网络关系是中介影响因子：Rothaermel 和 Hess（2007）指出企业动态能力构建过程中，通过联盟、收购等方式充分利用外部网络关系整合资源获得新技术，推动自身适应新技术的发展。组织动态能力与组织战略变革过程中网络关系的范围和强度利用对其都有积极的正向影响（王栋等，2011）；在组织动态能力与应对动态环境过程中，高管团队在社会网络关系中形成的战略柔性成为中介变量（林亚清和赵曙明，2013）。另外有学者指出，在网络关系与组织绩效之间，动态能力作为中介变量发挥其作用：董保宝（2012）通过实证研究检验了动态能力作为中间变量影响网络关系属性（强度、密度、中心度）对企业获得竞争优势的作用。

五、相关研究评述

Teece等（1994）基于Nelson等人的思想提出“动态能力”概念以来，动态能力得到越来越多研究学者的关注。研究学者们对动态能力的定义、内涵、维度划分进行了大量的研究。定义方面产生了三种学派："流程说""能力说""惯例说"，不管是哪种学派，他们都一致认为动态能力是一种高阶能力，是通过对外部环境的感知，去识别外部威胁并且抓住机会对资源的整合与重构以适应外部动态环境（Teece，2007）。维度划分方面主要被划分为两类：一类是基于企业整体行为的视角转变为组织认知方向，另一类是基于具体组织过程视角，即将其考虑为战略实施的过程行为。但是这些研究都还仅仅停留在动态能力概念界定、维度划分和微观基础分析等基本理论问题的研究层面，对于组织动态能力由外至内的前提条件积累和由内至外的动态能力释放并未给予系统性的分析，同时如何结合实际的行业特征分析动态能力释放以及机理过程的研究还处于起步阶段。

在动态能力与网络关系的研究中，大多数研究更多的关注网络关系、动态能力与组织绩效之间的关系，并大量采用定量的实证方法进行研究。但是网络关系是动态、多元的，因此组织在适应外部环境的过程中形成了更加复杂的环境；而动态能力是企业与环境互动时呈动态变化状态并贯穿整个发展过程，需要组织不断地借助资源的整合、重构、释放才得以实现（Teece，2007；Danneels，2011；许晖，邓伟升，冯永春等，2017），当前涉及网络关系背景下组织在竞争网络中组织网络关系行为与动态能力的形成、释放的演化过程机理的相关研究较少。因此有必要通过纵向案例研究探索网络关系背景下网络关系与动态能力释放的过程以及作用机理。

第四节　总体评述

本章对"网络关系行为的悖论循环过程如何释放动态能力"这一问题涉及的主要理论进行了回顾与梳理，本章得到以下几个主要观点。

（1）对社会网络及网络关系嵌入理论的相关研究进行了概括与总结，阐述了网络关系多样性与强度的属性、网络关系嵌入和网络关系行为活动的相关研究状况，为后续的研究做理论铺垫。从现有研究来看，尽管学者们基于不同的研究视角研究了网络关系嵌入对组织行为活动的影响，但都强调了网络关系作为一种外部影响因素对组织在知识传递、资源获取、机会识别等方面的影响，并在影响过程中逐渐形成一些行为。因此，在本研究中，采纳关系嵌入维度研究了个体与组织两个层面关系嵌入行为对组织能力提升的影响。但是当前研究更多的是集中于关系嵌入与组织绩效的关系检验，或者是关系嵌入对企业发展的影响，而对于在网络关系作为基本研究背景下的组织网络关系行为对长、短期绩效影响的内在机理却未能深入挖掘，忽视了网络关系背景下存在网络关系适应和能动行为以及其与环境适应、能动的过程。因此本研究选取网络关系嵌入作为出发点，对组织网络关系适应行为与网络关系能动行为做出较完整的分析。

（2）基于网络关系嵌入的分析，网络关系背景下新创企业适应动态环境过程中，其通过网络关系适应行为给予回应，适应行为中发现在个体层面存在个体和组织角色网络关系的冲突行为，在组织层面存在学术网络关系行为与市场网络关系行为。同时基于新创企业网络关系适应行为建立的基础，其网络关系能动行为响应动态环境时存在网络关系扩散与网络关系聚类冲突行为。通过对悖论理论的相关文献进行分析后，发现对于基于悖论视角下在网络关系背景下存在的网络关系行为的冲突行为的研究当前几乎未有涉及。因此本研究基于悖论理论，以艺术行业中的新创企业艺术关键主体和新创艺术机构组织为研究对象展开本土化的研究，将悖论与网络关系嵌入有效结合，重点分析网络关系背景下网络关系冲突行为的悖论循环过程。

（3）最后对动态能力的相关研究分析表明，随着外部环境的日益动态化、复杂化，组织动态能力的释放成为可持续发展的核心问题。传统的动态能力是一个由内至外的适应性的过程，但将网络关系作为研究的基础背景，组织通过网络关系行为积累动态能力释放的前提条件进行动态能力的释放，这种动态能力是由外至内的积累到由内至外的释放过程。当前多是研究网络关系的嵌入通过知识的吸收、资源的获取和机会的捕获对组织动态能力的影响，但未能将网络关系、悖论和动态能力三者理论纳入一个整体分析研究框架进行深入研究，探讨网络关系行为的悖论循环过程与动态能力释放的内在过程与作用机理。本研究将网络关系嵌入作为分析的逻辑起点，将动态能力释放作为研究的落脚点。

本章关于理论基础的评述为第五章、第六章及第七章的理论发展以及模型建立，即为网络关系行为的悖论循环过程如何释放动态能力的后续分析做好了理论准备。

参考文献

[1] 董保宝.网络结构与竞争优势关系研究——基于动态能力中介效应的视角[J].管理学报，2012，9(1)：50–56.

[2] 杜健，姜雁斌，郑素丽，等.网络嵌入性视角下基于知识的动态能力构建机理[J].管理工程学报，2011，25(4)：145–151.

[3] 冯军政，魏江.国外动态能力维度划分及测量研究综述与展望[J]. 外国经济与管理，2011，33(7)：26–33.

[4] 李新春，刘莉.嵌入性–市场性关系网络与家族企业创业成长[J]. 中山大学学报(社会科学版)，2009，49(3)：190–202.

[5] 林亚清，赵曙明.构建高层管理团队社会网络的人力资源实践，战略柔性与企业绩效——环境不确定性的调节作用[J].南开管理评论，2013，16(2)：4–15.

[6] 罗家德，张田，任兵.基于“布局”理论视角的企业间社会网络结构与复杂适应[J].管理学报，2014，11(9)：1253–1264.

[7] 谭跃进，邓宏钟.复杂适应系统理论及其应用研究[J]. 系统工程，2001，19(5)：1–6.

[8] 王栋，魏泽龙，沈灏.转型背景下外部关系网络，战略导向对战略变化速度的影响研究[J].南开管理评论，2011，(6)：76–84.

[9] 王福胜，王摄琰.CEO 网络嵌入性与企业价值[J].南开管理评论，2012，(1)：75–83.

[10] 王建刚，杜义飞，张均强.“由内至外”与“由内至外”：以中国互联网企业反脆弱性成长为例[C].第十届中国企业管理案例与质性研究论坛，北京：中国人民大学，2016.

[11] 吴结兵，郭斌.企业适应性行为，网络化与产业集群的共同演化——绍兴县纺织业集群发展的纵向案例研究[J].管理世界，2010，(2)：141-155.

[12] 许冠南.关系嵌入性对技术创新绩效的影响研究——基于探索型学习的中介机理[D].杭州：浙江大学，2008.

[13] 许晖，邓伟升，冯永春，等.品牌生态圈成长路径及其机理研究——云南白药 1999—2015 年纵向案例研究[J].管理世界，2017，(6)：122-140.

[14] 谢洪明，赵华锋，张霞蓉.网络关系嵌入与管理创新绩效之间的关系——基于知识流入的视角[J].技术经济，2012，31(5)：18-23.

[15] 余菲菲，张阳，张颖.网络关系及组合变化对“探索-开发”平衡的影响研究——以先声药业技术创新为例[J].管理工程学报,2013，(4)：8-15.

[16] 云乐鑫，杨俊，张玉利.创业企业如何实现商业模式内容创新?——基于“网络-学习”双重机理的跨案例研究[J].管理世界，2017，(4)：119-137.

[17] 郑登攀，党兴华.网络嵌入性对企业选择合作技术创新伙伴的影响[J]. 科研管理，2012，33(1)：154-160.

[18] 章威.基于知识的企业动态能力研究：嵌入性前因及创新绩效结果[D].杭州：浙江大学，2009.

[19] Adler P S，Kwon S W. Social capital：prospects for a new concept[J]. *Academy of Management Review*，2002，27(1)：17-40.

[20] Ahuja G，Soda G，Zaheer A. The genesis and dynamics of organizational networks[J]. *Organization Science*，2012，23(2)：434-448.

[21] Al-Laham A，Souitaris V. Network embeddedness and new-venture internationalization：Analyzing international linkages in the German biotech industry[J].*Journal of Business Venturing*，2008，23(5)：567-586.

[22] Amit R，Schoemaker P J H. Strategic assets and organizational rent[J]. *Strategic Management Journal*，1993，14(1)：33-46.

[23] Andriopoulos C，Lewis M W. Exploitation-exploration tensions and organizational ambidexterity：managing paradoxes of innovation[J].*Organization Science*，2009，20(4)：696-717.

[24] Auh S，Menguc B. Balancing exploration and exploitation：the

moderating role of competitive intensity[J].*Journal of Business Research*，2005，58(12)：1652–1661.

[25] Ayman R，Chemers M M，Fiedler F. The contingency model of leadership effectiveness：Its levels of analysis[J].*The Leadership Quarterly*，1995，6(2)：147–167.

[26] Battard N，Donnelly P F，Mangematin V. Organizational responses to institutional pressures：reconfiguration of spaces in nanosciences and nanotechnologies[J].*Organization Studies*，2017，38(11)：1529–1551.

[27] Barreto I. Dynamic capabilities：a review of past research and an agenda for the future[J].*Journal of Management*，2010，36(1)：256–280.

[28] Beech N，Burns H，Caestecker L D，et al.Paradox as invitation to act in problematic change situations[J].*Human Relations*，2005，57(10)：1313–1332.

[29] Bertels S，Lawrence T B. Organizational responses to institutional complexity stemming from emerging logics：the role of individuals[J].*Strategic Organization*，2016，14(4)：336–372.

[30] Besharov M L. The relational ecology of identification：how organizational identification emerges when individuals hold divergent values[J].*Academy of Management Journal*，2014，57(5)：1485–1512.

[31] Besharov M L，Smith W K. Multiple institutional logics in organizations：explaining their varied nature and implications[J]. *Academy of Management Review*，2014，39(3)：364–381.

[32] Binder A. For love and money：organizations creative responses to multiple environmental logics[J].*Theory and Society*，2007，36(6)：547–571.

[33] Birkinshaw J，Gupta K. Clarifying the distinctive contribution of ambidexterity to the field of organization studies[J]. *The Academy of Management Perspectives*，2013，27(4)：287–298.

[34] Bledow R，Frese M，Anderson N，et al. A dialectic perspective on innovation：conflicting demands，multiple pathways，and ambidexterity[J]. *Industrial and Organizational Psychology*，2009，2(3)：305–337.

[35] Bloodgood J M，Chae B. Organizational paradoxes：dynamic shifting

and integrative management[J].*Management Decision*, 2010, 48(1): 85–104.

[36] Bouncken R B, Fredrich V, Ritala P, et al. Coopetition in new product development alliances: advantages and tensions for incremental and radical innovation[J].*British Journal of Management*, 2017, (3).

[37] Boumgarden P, Nickerson J, Zenger T R. Sailing into the wind: exploring the relationships among ambidexterity, vacillation, and organizational performance[J].*Strategic Management Journal*, 2012, 33(6): 587–610.

[38] Burt R S. *Structural holes: The social structure of competition*[M]. Boston: Harvard University Press, 2009

[39] Campbell N R, F E. Fiedler. A Theory of Leadership Effectiveness[J]. *Administrative Science Quarterly*, 1967, 13(2): 344.

[40] Cameron K S. Effectiveness as paradox: consensus and conflict in conceptions of organizational effectiveness[J]. *Management Science*, 1986, 32(5): 539–553.

[41] Cameron K S, Quinn R E. *Organizational paradox and transformation*[M]. New York: Ballinger Publishing Co/Harper and Row Publishers, 1988.

[42] Cao Q, Gedajlovic E, Zhang H. Unpacking organizational ambidexterity: dimensions, contingencies, and synergistic effects[J].*Organization Science*, 2009, 20(4): 781–796.

[43] Carpenter D, Esterling K, Lazer D. The Strength of Strong Ties[J]. *Rationality and Society*, 2003, 15(4): 411–440.

[44] Caspin–Wagner K, Ellis S, Tishler A. *Balancing exploration and exploitation for firm's superior performance: the role of the environment*[C]. Annual Meetings of The Academy of Management, Boston, 2012.

[45] Cetindamar D, Phaal R, Probert D. Understanding technology management as a dynamic capability: a framework for technology management activities[J].*Technovation*, 2009, 29(4): 237–246.

[46] Chandler M E J. *The lower tertiary floras of southern England*[M]. Boston: Printed by Order of The Trustees of The British Museum, 1961.

[47] Chen M J. Competitor analysis and interfirm rivalry: toward a theoretical

integration[J].*Academy of Management Review*，1996，21(1)：100–134.

[48] Claro D P，Hagelaar G，Omta O. The determinants of relational governance and performance：how to manage business relationships?[J].*Industrial Marketing Management*，2003，32(8)：703–716.

[49] Coleman J S. *Social capital in the creation of human capital*[M].Boston：Knowledge and Social Capital，2000.

[50] Collis D J. Research note：how valuable are organizational capabilities?[J].*Strategic Management Journal*，1994，15(S1)：143–152.

[51] Cunha J V D，Clegg S R，Cunha M P E. Management，paradox，and permanent dialectics[J].*Advances in Organization Studies*，2002，(9)：11–40.

[52] Danneels E. Trying to become a different type of company：dynamic capability at Smith Corona[J].*Strategic Management Journal*，2011，32(1)：1–31.

[53] Delmas M A. Innovating against European rigidities：institutional environment and dynamic capabilities[J].*The Journal of High Technology Management Research*，2002，13(1)：19–43.

[54] Drnevich P L，Kriauciunas A P Clarifying the conditions and limits of the contributions of ordinary and dynamic capabilities to relative firm performance[J]. *Strategic Management Journal*，2011，32(3)：254–279.

[55] Dixon S，Meyer K，Day M. Building dynamic capabilities of adaptation and innovation：a study of micro–foundations in a transition economy[J].*Long Range Planning*，2014，47(4)：186–205.

[56] Dong M C，Liu Z，Yu Y，et al. Opportunism in distribution networks：the role of network embeddedness and dependence[J]. *Production and Operations Management*，2015，24(10)：1657–1670.

[57] Dving E，Gooderham P N. Dynamic capabilities as antecedents of the scope of related diversification：the case of small firm accountancy practices[J]. *Strategic Management Journal*，2008，29(8)：841–857.

[58] Drnevich P L，Kriauciunas A P. Clarifying the conditions and limits of the contributions of ordinary and dynamic capabilities to relative firm performance[J].*Strategic Management Journal*，2011，32(3)：254–279.

[59] Duncan R B. The ambidextrous organization：designing dual structures for innovation[J].*The Management of Organization*，1976，(1)：167–188.

[60] Dyer J H，Singh H. The relational view：cooperative strategy and sources of interorganizational competitive advantage[J].*Academy of Management Review*，1998，23(4)：660–679.

[61] Echols A，Tsai W. Niche and performance：the moderating role of network embeddedness[J].*Strategic Management Journal*，2005，26(3)：219–238.

[62] Eisenhardt K M，Martin J A. Dynamic capabilities：what are they?[J]. *Strategic Management Journal*，2000，21(10/11)：1105–1121.

[63] Fairhurst G T，Putnam L L. Organizational discourse analysis (ODA)：examining leadership as a relational process[J]. *Leadership Quarterly*，2012，23(6)：1043–1062.

[64] Fiol C M. Capitalizing on paradox：the role of language in transforming organizational identities[J].*Organization Science*，2002，13(6)：653–666.

[65] Fredriksson M，Pallas J. Translated inconsistency：management communication under the reign of institutional ambiguity[J]. *Management Communication Quarterly*，2017，31(3)：473–478.

[66] Galbraith J R. *Designing complex organizations* [M]. Boston：Addison–Wesley Pub. Co.，1973.

[67] Gargiulo M，Benassi M. *The dark side of social capital*[M]. London：Springer，1999.

[68] George E，Chattopadhyay P，Sitkin S B，et al. Cognitive underpinnings of institutional persistence and change：a framing perspective[J]. *Academy of Management Review*，2006，31(2)：347–365.

[69] Gibson C B，Birkinshaw J. The antecedents，consequences，and mediating role of organizational ambidexterity[J]. *Academy of Management Journal*，2004，47(2)：209–226.

[70] Gimeno J，Woo C Y，Baum J A C，et al. Economic multiplexity：the structural embeddedness of cooperation[J]. *Advances in Strategic Management*，1996，(13)：323–361

[71] Gilbert C. G. Unbundling the structure of inertia：resource versus routine rigidity[J]. *Academy of Management Journal*，2005，48(5)：741–763.

[72] Goosen M. C.，Bazzazian N.，Phelps C. *Consistently capricious：the performance effects of simultaneous and sequential ambidexterity*[C]. Annual Meetings of the Academy of Management，Boston，2012.

[73] Glynn M. A. When cymbals become symbols：conflict over organizational identity within a symphony orchestra[J]. *Organization Science*，2000，11(3)：285–298.

[74] Gnyawali D. R.，Madhavan R. Cooperative networks and competitive dynamics：a structural embeddedness perspective[J]. *Academy of Management Review*，2001，26(3)：431–445.

[75] Graham J. A.，Dixon M. A.，Hazen–Swann N. Coaching dads：understanding managerial implications of fathering through sport[J]. *Journal of Sport Management*，2016，30(1)：40–51.

[76] Granovetter M. The strength of weak ties[J]. *American Journal of Sociology*，1973，78(6)：1360–1380.

[77] Granovetter M. Economic action and social structure：the problem of embeddedness [J]. *American Journal of Sociology*，1985，91(3)：481–510.

[78] Granovetter M. *A theoretical agenda for economic sociology*[M]. New York：Pussell sage foundation，2002.

[79] Greenwood R.，Raynard M.，Kodeih F.，et al. Institutional complexity and organizational responses[J]. *Academy of Management Annals*，2011，5(1)：317–371.

[80] Gulati R. Alliances and networks[J]. *Strategic Management Journal*，1998，19(4)：293–317.

[81] Gulati R. Does familiarity breed trust? The implications of repeated ties for contractual choice in alliances[J]. *Academy of Management Journal*，1995，38(1)：85–112.

[82] Gulati R.，Nohria N.，Zaheer A. 2000. Strategic networks[J]. *Strategic Management Journal*,2000，（21）：203–215.

[83] Griffith D A, Harvey M G. A resource perspective of global dynamic capabilities[J]. *Journal of International Business Studies*, 2001, 32(3): 597–606.

[84] Hahn T, Preuss L, Pinkse J, et al. ,Cognitive frames in corporate sustainability: managerial sensemaking with paradoxical and business case frames[J]. *Academy of Management Review*, 2014, 39(4): 463–487.

[85] Hakansson H. *Industrial Technological Development: A Network Approach*[M].London: Croon Helm, 1987.

[86] Halinen A, Törnroos J A. The role of embeddedness in the evolution of business networks[J]. *Scandinavian Journal of Management*, 1998, 14(3): 187–205.

[87] Hansen M T, Podolny J M, Pfeffer J. *So many ties, so little time: a task contingency perspective on corporate social capital in organizations*[M]. London: Emerald Group Publishing Limited, 2001.

[88] Hargrave T J, Van de Ven A H. Integrating dialectical and paradox perspectives on managing contradictions in organizations[J]. *Organization Studies*, 2017, 38(3–4): 319–339.

[89] Helfat C E, Finkelstein S, Mitchell W, et al. *Dynamic capabilities: Understanding strategic change in organizations*[M]. New York: John Wiley and Sons, 2009.

[90] Helfat C E, Peteraf M A. Managerial cognitive capabilities and the microfoundations of dynamic capabilities[J]. *Strategic Management Journal*, 2015, 36(6): 831–850.

[91] Heracleous L, Wirtz J. Singapore airlines: achieving sustainable advantage through mastering paradox[J]. *The Journal of Applied Behavioral Science*, 2014, 50(2): 150–170.

[92] Iansiti M, Clark K B. Integration and dynamic capability: evidence from product development in automobiles and mainframe computers[J]. *Industrial and Corporate Change*, 1994, 3(3): 557–605.

[93] Ireland R D, Hitt M A, Sirmon D G. A model of strategic entrepreneurship:

the construct and its dimensions[J]. *Journal of Management*, 2003, 29(6): 963-989.

[94] Jack S L. The role, use and activation of strong and weak network ties: a qualitative analysis[J]. *Journal of Management Studies*, 2005, 42(6): 1233-1259.

[95] Jarzabkowski P, Lê K J, Van de Ven A H. Responding to competing strategic demands: how organizing, belonging, and performing paradoxes coevolve[J]. *Strategic Organization*, 2013, 11(3): 245-280.

[96] Kapoor R, Klueter T. Decoding the adaptability - rigidity puzzle: evidence from pharmaceutical incumbents' pursuit of gene therapy and monoclonal antibodies[J]. *Academy of Management Journal*, 2015, 58(4): 1180-1207.

[97] Kaya H, Banerjee G. The short-term and long-term impacts of Sarbanes-Oxley Act on composition and characteristics of corporate board of directors[J]. *International Journal of Financial Management*, 2015, 5(4): 9-17.

[98] Kistruck G M, Beamish P W. The interplay of form, structure, and embeddedness in social intrapreneurship[J]. *Entrepreneurship Theory and Practice*, 2010, 34(4): 735-761.

[99] Knight E, Paroutis S. Becoming salient: the TMT leader's role in shaping the interpretive context of paradoxical tensions[J]. *Organization Studies*, 2017, 38(3-4): 403-432.

[100] Koka B R, Madhavan R, Prescott J E. The evolution of interfirm networks: environmental effects on patterns of network change[J]. *Academy of Management Review*, 2006, 31(3): 721-737.

[101] Koka B R, Prescott J E. Strategic alliances as social capital: a multidimensional view[J]. *Strategic management journal*, 2002, 23(9): 795-816.

[102] Koza M P, Lewin A Y. The co-evolution of strategic alliances[J]. *Organization Science*, 1998, 9(3): 255-264.

[103] Kozica A M F, Gebhardt C, Mü ller-Seitz G, et al. Organizational identity and paradox: an analysis of the "stable state of instability" of Wikipedia's identity[J]. *Journal of Management Inquiry*, 2015, 24(2): 186-203.

[104] Kreiner G E, Hollensbe E, Sheep M L, et al. Elasticity and the dialectic tensions of organizational identity: how can we hold together while we are pulling apart?[J]. *Academy of Management Journal*, 2015, 58(4): 981–1011.

[105] Laplume A O, Dass P. *Exploration and exploitation for various stages of firm growth through diversification*[C]. Annual Meetings of The Academy of Management, Boston, 2012.

[106] Larson A. Network dyads in entrepreneurial settings: a study of the governance of exchange relationships[J]. *Administrative Science Quarterly*, 1992, 37(1): 76–104.

[107] Laurell H, Achtenhagen L, Andersson S. The changing role of network ties and critical capabilities in an international new venture's early development[J]. *International Entrepreneurship and Management Journal*, 2017, 13(1): 113–140.

[108] Lawrence P R, Lorsch J W. Differentiation and integration in complex organizations[J]. *Administrative Science Quarterly*, 1967, 12(1) : 1–47.

[109] Lazega E, Pattison P E. Multiplexity, generalized exchange and cooperation in organizations: a case study[J]. *Social Networks*, 1999, 21(1): 67–90.

[110] Lee S, Monge P. The coevolution of multiplex communication networks in organizational communities[J]. *Journal of Communication*, 2011, 61(4): 758–779.

[111] Levis Y, Pellegrin–Rescia M L. A new look at the embeddedness/disembeddedness issue: cooperatives as terms of reference[J]. *The Journal of Socio-Economics*, 1997, 26(2): 159–179.

[112] Lewis M W. Exploring paradox: Toward a more comprehensive guide[J]. *Academy of Management Review*, 2000, 25(4): 760–776.

[113] Lewis M W, Andriopoulos C, Smith W K. Paradoxical leadership to enable strategic agility[J]. *California Management Review*, 2014, 56(3): 58–77.

[114] Lewis M W, Smith W K. Paradox as a metatheoretical perspective: sharpening the focus and widening the scope[J]. *The Journal of Applied Behavioral Science*, 2014, 50(2): 127–149.

[115] Luque J S, Tyson D M, Bynum S A, et al. A social network analysis approach to understand changes in a cancer disparities community partnership network[J]. *Annals of Anthropological Practice*, 2011, 35(2): 112–135.

[116] Macher J T, Mowery D C. Measuring dynamic capabilities: practices and performance in semiconductor manufacturing[J]. *British Journal of Management*, 2009, 20(s1): 41–62.

[117] Mahmood I P, Zhu H, Zajac E J. Where can capabilities come from? Network ties and capability acquisition in business groups[J]. *Strategic Management Journal*, 2011, 32(8): 820–848.

[118] Mainela T, Puhakka V. Embeddedness and networking as drivers in developing an international joint venture[J]. *Scandinavian Journal of Management*, 2008, 24(1): 17–32.

[119] Malhotra N, Hinings C R B. Unpacking continuity and change as a process of organizational transformation[J]. *Long Range Planning*, 2015, 48(1): 1–22.

[120] March J G. Exploration and exploitation in organizational learning[J]. *Organization Science*, 1991, 2(1): 71–87.

[121] Marquis C, Battilana J. Acting globally but thinking locally? The enduring influence of local communities on organizations[J]. *Research in Organizational Behavior*, 2009, (29): 283–302.

[122] Mariotti F, Delbridge R. Overcoming network overload and redundancy in interorganizational networks: the roles of potential and latent ties[J]. *Organization Science*, 2012, 23(2): 511–528.

[123] McEvily B, Marcus A. Embedded ties and the acquisition of competitive capabilities[J]. *Strategic Management Journal*, 2005, 26(11): 1033–1055.

[124] McEvily B, Zaheer A. Bridging ties: a source of firm heterogeneity in competitive capabilities[J]. *Strategic Management Journal*, 1999, 20(12): 1133–1156.

[125] McEvily S K, Eisenhardt K M, Prescott J E. The global acquisition, leverage, and protection of technological competencies[J]. *Strategic Management*

Journal, 2004, 25(8–9): 713–722.

[126] McKelvie A, Davidsson P. From resource base to dynamic capabilities: an investigation of new firms[J]. *British Journal of Management*, 2009, 20(s1): 63–80.

[127] McFadyen M A, Cannella A A. Social capital and knowledge creation: diminishing returns of the number and strength of exchange relationships[J]. *Academy of Management Journal*, 2004, 47(5): 735–746.

[128] Methot J R, Lepine J A, Podsakoff N P, et al. Are workplace friendships a mixed blessing? Exploring tradeoffs of multiplex relationships and their associations with job performance[J]. *Personnel Psychology*, 2016, 69(2): 311–355.

[129] Miron–Spektor E, Gino F, Argote L. Paradoxical frames and creative sparks: enhancing individual creativity through conflict and integration[J]. *Organizational Behavior and Human Decision Processes*, 2011, 116(2): 229–240.

[130] Mom T J M, Van Den Bosch F A J, Volberda H W. Understanding variation in managers' ambidexterity: investigating direct and interaction effects of formal structural and personal coordination mechanisms[J]. *Organization Science*, 2009, 20(4): 812–828,

[131] Nahapiet J, Ghoshal S. *Social capital, intellectual capital, and the organizational advantage*[M]. Boston: Knowledge and Social Capital, 2000.

[132] Nalebuff B J, Brandenburger A M. Co–opetition: competitive and cooperative business strategies for the digital economy[J]. *Strategy and Leadership*, 1997, 25(6): 28–33.

[133] Nonaka I, Takeuchi H. *The knowledge-creating company: how Japanese companies create the dynamics of innovation*[M]. Oxford: Oxford University Press, 1995.

[134] Nonaka I, Toyama R. A firm as a dialectical being: towards a dynamic theory of a firm[J]. *Industrial and Corporate Change*, 2002, 11(5): 995–1009.

[135] Nooteboom B. Learning by interaction: absorptive capacity, cognitive distance and governance[J]. *Journal of Management and Governance*, 2000, 4(1–2): 69–92.

[136] Nosella A, Cantarello S, Filippini R. The intellectual structure of organizational ambidexterity: a bibliographic investigation into the state of the art[J]. *Strategic Organization*, 2012, 10(4): 450–465.

[137] Opsah T L, Panzarasa P. Clustering in weighted networks[J]. *Social Networks*, 2009, 31(2): 155–163.

[138] O'Reilly C A, Tushman M L. Organizational ambidexterity: past, present, and future[J]. The Academy of Management Perspectives, 2013, 27(4): 324–338.

[139] O'Reilly C A, Tushman M L. Ambidexterity as a dynamic capability: resolving the innovator's dilemma[J]. *Research in Organizational Behavior*, 2008, (28): 185–206.

[140] Pache A C, Santos F. Inside the hybrid organization: selective coupling as a response to competing institutional logics[J]. *Academy of Management Journal*, 2013, 56(4): 972–1001.

[141] Padgett J F, Powell W W. *The emergence of organizations and markets*[M]. New Jersey: Princeton University Press, 2012.

[142] Papachroni A, Heracleous L, Paroutis S. Organizational ambidexterity through the lens of paradox theory: building a novel research agenda[J]. *The Journal of Applied Behavioral Science*, 2015, 51(1): 71–93.

[143] Papachroni A, Heracleous L, Paroutis S. In pursuit of ambidexterity: managerial reactions to innovation–efficiency tensions[J]. *Human Relations*, 2016, 69(9): 1791–1822.

[144] Pavlou P A, Sawy O A E. *Decomposing and leveraging dynamic capabilities*[C]. Anderson Graduate School of Management, University of California, 2006.

[145] Pfeffer J, Salancik G R. *The external control of organizations: a resource dependence approach*[M]. New York: Harper and Row Publishers, 1978.

[146] Phene A, Tallman S, Almeida P. When do acquisitions facilitate technological exploration and exploitation?[J]. *Journal of Management*, 2012, 38(3): 753–783.

[147] Polanyi K. *The great transformation: the political and economic origin of our time*[M]. New Jersey: Beacon Press, 1957.

[148] Poole M S, Van de Ven A H. Using paradox to build management and organization theories[J]. *Academy of Management Review*, 1989, 14(4): 562–578.

[149] Powell W W, Koput K W, Smith–Doerr L. Interorganizational collaboration and the locus of innovation: networks of learning in biotechnology[J]. *Administrative Science Quarterly*, 1996, 41(1): 116–145.

[150] Powell W W, White D R, Koput K W, et al. Network dynamics and field evolution: The growth of interorganizational collaboration in the life sciences[J]. *American Journal of Sociology*, 2005, 110(4): 1132–1205.

[151] Provan K G, Isett K R, Milward H B. Cooperation and compromise: a network response to conflicting institutional pressures in community mental health[J]. *Nonprofit and Voluntary Sector Quarterly*, 2004, 33(3): 489–514.

[152] Provan K G, Veazie M A, Staten L K, et al. The use of network analysis to strengthen community partnerships[J]. *Public Administration Review*, 2005, 65(5): 603–613.

[153] Putnam L L. Unpacking the dialectic: alternative views on the discourse - materiality relationship[J]. *Journal of Management Studies*, 2015, 52(5): 706–716.

[154] Purdy J M, Gray B. Conflicting logics, mechanisms of diffusion, and multilevel dynamics in emerging institutional fields[J]. *Academy of Management Journal*, 2009, 52(2): 355–380.

[155] Purwanegara M S, Garnida N. *An overview of social network activity in jkarta for promoting fashion brand* [C]. 2015 Global Fashion Management Conference at Florence, 2015.

[156] Qiu J, Donaldson L, Luo B N. The benefits of persisting with paradigms in organizational research[J]. *The Academy of Management Perspectives*, 2012, 26(1): 93–104.

[157] Quinn R E, Cameron K S. *Paradox and transformation: Toward a theory of change in organization and management*[M]. New York: Ballinger

Publishing Co/Harper and Row Publishers, 1988.

[158] Radcliffe-Brown A. R., Evans-Pritchard E. E., Egan F. *Structure and function in primitive society*[M]. New York: Essays and Addresses, 1952.

[159] Raza-Ullah T., Bengtsson M., Koc S. K. The coopetition paradox and tension in coopetition at multiple levels[J]. *Industrial Marketing Management*, 2014, 43(2): 189-198.

[160] Raisch S., Birkinshaw J., Probst G., et al. Organizational ambidexterity: balancing exploitation and exploration for sustained performance[J]. *Organization Science*, 2009, 20(4): 685-695.

[161] Raisch S., Birkinshaw J. Organizational ambidexterity: antecedents, outcomes, and moderators[J]. *Journal of Management*, 2008, 34(3): 375-409.

[162] Reagans R., Singh P. V., Krishnan R. Forgotten Third parties: analyzing the contingent association between unshared third parties, knowledge overlap, and knowledge transfer relationships with outsiders[J]. *Organization Science*, 2015, 26(5): 1400-1414.

[163] Reay T., Hinings C. R. Managing the rivalry of competing institutional logics[J]. *Organization Studies*, 2009, 30(6): 629-652.

[164] Richardson G. B. The organisation of industry[J]. *The Economic Journal*, 1972, 82(327): 883-896.

[165] Rivera M. T., Soderstrom S. B., Uzzi B. Dynamics of dyads in social networks: assortative, relational, and proximity mechanisms[J]. *Annual Review of Sociology*, 2010, 36: 91-115.

[166] Rogerson M. Industrial organization: theory and practice[J]. *Zbornik Radova Ekonomskog Fakulteta UI stocnom Sarajevu*, 1965, 11(2): 284.

[167] Rothaermel F. T., Alexandre M. T. Ambidexterity in technology sourcing: the moderating role of absorptive capacity[J]. *Organization Science*, 2009, 20(4): 759-780.

[168] Rothaermel F. T., Hess A. M. Building dynamic capabilities: innovation driven by individual-, firm-, and network-level effects[J]. *Organization Science*, 2007, 18(6): 898-921.

[169] Rowley T J, Baum J A C. *The dynamics of network strategies and positions*[M]. Boston: Emerald Group Publishing Limited, 2008.

[170] Sarasvathy S D. *Effectuation: elements of entrepreneurial expertise*[M]. New York: Edward Elgar Publishing, 2009.

[171] Sarkees M, Hulland J. Innovation and efficiency: it is possible to have it all[J]. *Business Horizons*, 2009, 52(1): 45–55.

[172] Schad J, Lewis M W, Raisch S, et al. Paradox research in management science: looking back to move forward[J]. *Academy of Management Annals*, 2016, 10(1): 5–64.

[173] Scherer A G, Palazzo G, Seidl D. Managing legitimacy in complex and heterogeneous environments: sustainable development in a globalized world[J]. *Journal of Management Studies*, 2013, 50(2): 259–284.

[174] Sharma G, Bansal P. Partners for good: how business and NGOs engage the commercial - social paradox[J]. *Organization Studies*, 2017, 38(3–4): 341–364.

[175] Sheep M L, Fairhurst G T, Khazanchi S. Knots in the discourse of innovation: investigating multiple tensions in a reacquired spin–off[J]. *Organization Studies*, 2017, 38(3–4): 463–488.

[176] Simsek Z, Lubatkin M H, Floyd S W. Inter–firm networks and entrepreneurial behavior: a structural embeddedness perspective[J]. *Journal of Management*, 2003, 29(3): 427–442.

[177] Simsek Z. Organizational ambidexterity: towards a multilevel understanding[J]. *Journal of Management Studies*, 2009, 46(4): 597–624.

[178] Slawinski N, Bansal P. Short on time: Intertemporal tensions in business sustainability[J]. *Organization Science*, 2015, 26(2): 531–549.

[179] Smets M, Jarzabkowski P, Burke G T, et al. Reinsurance trading in Lloyd's of London: balancing conflicting–yet–complementary logics in practice[J]. *Academy of Management Journal*, 2015, 58(3): 932–970.

[180] Smith W K. Dynamic decision making: a model of senior leaders managing strategic paradoxes[J]. *Academy of Management Journal*, 2014, 57(6):

1592–1623.

[181] Smith W K, Gonin M, Besharov M L. Managing social-business tensions: a review and research agenda for social enterprise[J]. *Business Ethics Quarterly*, 2013, 23(3): 407–442.

[182] Smith W K, Lewis M W. Toward a theory of paradox: adynamic equilibrium model of organizing[J]. *Academy of Management Review*, 2011, 36(2): 381–403.

[183] Smith W K, Tushman M L. Managing strategic contradictions: a top management model for managing innovation streams[J]. *Organization Science*, 2005, 16(5): 522–536.

[184] Stadtler L, Van Wassenhove L N. Coopetition as a paradox: integrative approaches in a multi-company, cross-sector partnership[J]. *Organization Studies*, 2016, 37(5): 655–685.

[185] Tan J J, Litsschert R J. Environment-strategy relationship and its performance implications: an empirical study of the Chinese electronics industry[J]. *Strategic Management Journal*, 1994, 15(1): 1–20.

[186] Tan J, Tan D. Environment - strategy co-evolution and co-alignment: a staged model of Chinese SOEs under transition[J]. *Strategic Management Journal*, 2005, 26(2): 141–157.

[187] Teece D J. Explicating dynamic capabilities: the nature and microfoundations of (sustainable) enterprise performance[J]. *Strategic Management Journal*, 2007, 28(13): 1319–1350.

[188] Teece D J, Pisano G. The dynamic capabilities of firms: an introduction[J]. *Industrial and Corporate Change*, 1994, 3(3): 537–556.

[189] Teece D J, Pisano G, Shuen A. *Dynamic capabilities and strategic management*[M]. New York: Knowledge and Strategy, 1999.

[190] Tempelaar M P, Van De Vrande V. *Dynamism, munificence, internal and external exploration-exploitation and their performance effects*[C]. Annual Meeting of The Academy of Management, Boston, 2012.

[191] Tiwana A. Do bridging ties complement strong ties? An empirical

examination of alliance ambidexterity[J]. *Strategic Management Journal*, 2008, 29(3): 251–272.

[192] Townley B. The role of competing rationalities in institutional change[J]. *Academy of Management Journal*, 2002, 45(1): 163–179.

[193] Tushman M L, O'Reilly C A. Ambidextrous organizations: managing evolutionary and revolutionary change[J]. *California Management Review*, 1996, 38(4): 8–29.

[194] Uzzi B. Social structure and competition in interfirm networks: the paradox of embeddedness[J]. *Administrative Science Quarterly*, 1997, 42(1): 35–67.

[195] Uzzi B. Embeddedness in the making of financial capital: how social relations and networks benefit firms seeking financing[J]. *American Sociological Review*, 1999, 64(4): 481–505.

[196] Uzzi B, Gillespie J J. Knowledge spillover in corporate financing networks: embeddedness and the firm's debt performance[J]. *Strategic Management Journal*, 2002, 23(7): 595–618.

[197] Van Der Vegt G S, Bunderson J S. Learning and performance in multidisciplinary teams: the importance of collective team identification[J]. *Academy of management Journal*, 2005, 48(3): 532–547.

[198] Wang C L, Altinay L. Social embeddedness, entrepreneurial orientation and firm growth in ethnic minority small businesses in the UK[J]. *International Small Business Journal*, 2007, 30(1): 3–23.

[199] Wang C L, Ahmed P K. Dynamic capabilities: a review and research agenda[J]. *International Journal of Management Reviews*, 2012, 9(1): 31–51.

[200] Wang R, Tanjasiri S P, Palmer P, et al. Network structure, multiplexity, and evolution as influences on community–based participatory research collaboration[J]. *Journal of Community Psychology*, 2016, 44(6): 781–798.

[201] Walter J, Levin D Z, Murnighan J K. Reconnection choices: selecting the most valuable (vs. most preferred) dormant ties[J]. *Organization Science*, 2015, 26(5): 1447–1465.

[202] Winter S G. The satisficing principle in capability learning[J]. *Strategic Management Journal*, 2000, 21(10/11): 981–996.

[203] Yoon S J, Chae Y J. Management of paradox: a comparative study of managerial practices in Korean and Japanese firms[J]. *The International Journal of Human Resource Management*, 2012, 23(17): 3501–3521.

[204] Zahra S A, George G. The net–enabled business innovation cycle and the evolution of dynamic capabilities[J]. *Information Systems Research*, 2002, 13(2): 147–150.

[205] Zahra S A, Sapienza H J, Davidsson P. Entrepreneurship and dynamic capabilities: a review, model and research agenda[J]. *Journal of Management Studies*, 2006, 43(4): 917–955.

[206] Zajac E J, Olsen C P. From transaction cost to transactional value analysis: implications for the study of interorganizational strategies[J]. *Journal of Management Studies*, 1993, 30(1): 131–145.

[207] Zhang Y, Waldman D A, Han Y L, et al. Paradoxical leader behaviors in people management: antecedents and consequences[J]. *Academy of Management Journal*, 58(2): 2015, 538–566.

[208] Zollo M, Winter S G. Deliberate learning and the evolution of dynamic capabilities[J]. *Organization Science*, 2002, 13(3): 339–351.

[209] Zott C. Dynamic capabilities and the emergence of intraindustry differential firm performance: insights from a simulation study[J]. *Strategic Management Journal*, 2003, 24(2): 97–125.

[210] Zukin S. Socio–spatial prototypes of a new organization of consumption: the role of real cultural capital[J]. *Sociology*, 1990, 24(1): 37–56.

第三章　新创企业成长动能整合的分析逻辑

企业在应对外部动态环境过程中，企业的行为导致绩效结果的产生，即企业与环境适应过程中，企业调整自身以适应环境的变化，即通过自身行为活动的变化获取良好绩效。这是建立在以企业为视角来看待企业与环境之间的关系。但是，随着外部环境的不确定性日趋加剧，组织行为所产生的结果并未达到企业所期望的绩效。由于企业与环境之间存在一种互动行为，网络关系的嵌入成为企业与环境互动的有效承载，即网络关系之间行为主体的链接与交互可以激活潜在、释放潜在，进而促进组织获得长期绩效。因此，本研究将网络关系作为企业与环境交互过程中的承载体，将网络关系嵌入作为新创企业行为研究的起始点。企业与环境交互过程中，网络关系行为推动新创企业将外部不确定的事物内化实现企业对外部环境适应的过程，进而推动企业与环境互动的能动性即对网络关系逐渐转变成企业可操作的、具有能动性的，进而达到长期绩效的结果。因此，本研究基于“输入—过程—输出”这一普适性逻辑建立了“网络关系嵌入—悖论动态循环—动态能力”分析框架脉络逻辑。

本章为第四章、第五章、第六章的研究提供了整体的分析框架脉络逻辑。本研究的基本研究情境是基于新创企业嵌入在网络关系背景下响应高度不确定性的外部环境，基于网络关系、悖论和动态能力的理论分析形成本研究三条关键分析逻辑，具体为：（1）网络关系适应行为逐渐转向网络关系能动行为，视其为输入过程；（2）悖论系统中冲突行为的动态平衡形成组织适应性与能动性之间的互动循环，进而建立良性的悖论动态循环，视其为作用过程；（3）动态能力释放的前提条件是由外至内的积累过程到新创企业动态能力由内至外的释放过程，视其为输出过程。上述三条分析脉络中涉及的网络关系适应与能动行为、悖论适应系统与存在系统的动态循环、动态能力的前提条件积累与释放在整个分析研究过程中都是同时存在的，但是在不同的情境下，每条逻辑中所涉及的关键要素对组织的作用过程表现出了不同的影响以及对应关系（图3-1）。比如在第四章、第五章的分析中组织网络关系行为是以适应行为为主导，动态能力主要表现为其释放前的前提条件由外至内积累；在第六章的分析中网络关系行为以能动行为为主导，动态能力主要表现为由内至外释放。

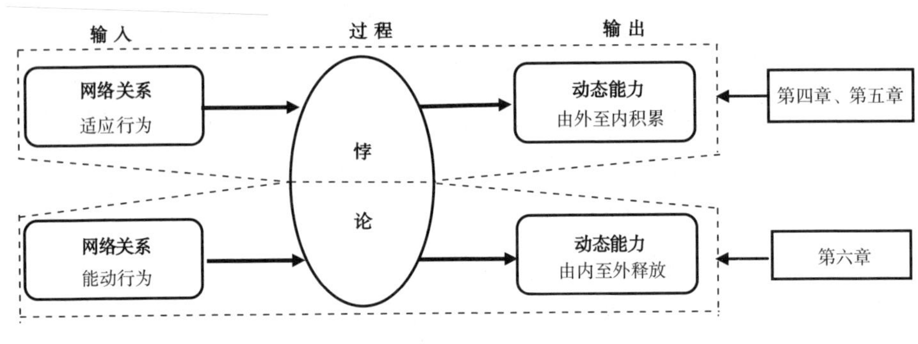

图3-1　核心分析逻辑

第一节　适应到能动的网络关系行为

Granovetter（1985）提出网络关系嵌入对组织经济行为活动的影响，诸多学者在此基础上对外部动态环境过程的网络关系行为进行了关注与研究。处于复杂系统中的行为主体，通过与环境或网络关系中的其他行为主体进行交互，不断的学习与经验累积，改变自身的结构与行为，适应复杂环境系统。同时网络关系也产生了动态变化，因此组织的行为与网络关系共演过程也体现了组织应对动态环境过程中的网络关系适应性行为（吴结兵和郭斌，2010）。罗家德等（2014）基于网络关系属性以及嵌入性研究指出，组织嵌入在动态、复杂的网络关系中时，需要组织建立网络中的行动逻辑，这种行动逻辑是组织追求长期复杂适应性的表现。同时对网络关系的调整不仅是行动者创造关系，网络关系也塑造了行动者，即网络关系与行动者之间存在作用与反作用的关系。换句话说，在竞争的网络关系中为适应复杂系统表现出了两种行为：适应性和能动性行为。这也印证了组织在适应复杂系统中适应性和能动性行为是交替主导的（Tan 和 Litschert，1994；Koza 和 Lewin，1998；Tan 和 Tan，2005）。

本研究在第四章、第五章中分别从个体和组织层面探讨网络关系背景下组织为适应外部动态环境个体与组织产生的网络关系适应性行为。具体表现为：（1）个体层面：由于艺术家在艺术价值释放过程中兼具了两种角色，个体角色与组织角色，不同角色黏附的网络关系群体各不相同，以及这些群体对目标实现也有所侧重。艺术家如何运用、管理不同角色成为艺术价值实现的关键。鉴于此，本研究通过采用扎根方法和fsQCA方法探索与检测了新创企业艺术家在角色转换中的个体与组织角色、网络关系行为和网络关系再造中网络关系多样性、强度属性对学术与市场能力提升的路径以及影响关系。

（2）组织层面：由于新创艺术机构组织嵌入在动态、多元的网络关系中，其发展主要体现在学术与市场两种价值逻辑的融合程度，即主要依赖学术和市场两种网络关系，两者价值逻辑也造就了艺术机构组织发展过程中的两种行为倾向于学术发展和市场发展。在动态的外部环境影响下，新创企业学术网络关系行为和市场网络关系行为是推动组织发展的关键。因此，本研究探索了网络关系动态演化路径中，新创企业学术与市场网络关系行为通过权变式、悖论式响应方式对组织发展的过程以及作用机理。该部分在个体层面和组织层面的探索均是基于新创企业与环境互动过程中的网络关系行为，并基于此过程实现对动态环境的适应过程。

本研究的第六章以组织层面基于网络关系适应行为的探讨为前提，进而探讨网络关系能动行为释放动态能力的过程。由于网络关系适应行为改变了新创企业内部对资源、机会的整合能力，为其应对外部动态环境所需的前提条件进行积累。因此，新创企业基于此基础在应对外部高度不确定性的环境过程时，它的网络关系能够自主、能动地进行行为的调整，具体表现为通过网络关系聚类与网络关系扩散之间的互动进而激活组织潜在能力的释放。因此，本研究探索了网络关系聚类与扩散行为之间的循环互动，以及建立悖论动态循环释放新创企业动态能力的过程以及作用机理（该研究对应第六章）。该部分是从组织层面探索其与环境互动过程中，网络关系行为为实现新创企业应对动态环境的能动过程。

第二节　悖论动态循环

外部不断增加的不确定性给企业成长带来了威胁，由于网络关系承载成为企业成长能力获取的重要来源（余红剑，2017），而网络关系适应行为中个体与组织层面分别存在两个对立面和冲突的要素，如个体层面存在个体角色网络关系行为和组织角色网络关系行为这对冲突；组织层面中存在学术网络关系行为和市场网络关系行为这对冲突。新创企业以及在位企业在悖论视角下响应这些冲突，表现为通过运用多重的响应方法和机理构成动态适应过程以应对外部的不确定性以及引致的冲突（王建刚和杜义飞，2016）。同时，这些组织在应对外部不确定的过程中，不断承载、转移与平衡冲突的适应性过程能激活企业内在能动性（王建刚等，2017），促进企业持续的自主性活跃，进而实现企业资源、能力的潜能释放。另外，新创企业网络关系能动行为也表现出了冲突的行为即网络关系聚类与网络关系扩散，该冲突基于新创企业网络关系适应行为所积淀的基础，在外部环境作用下通过其持续性循环互动产生了冲突的动态平衡（Smith 和 Lweis，2011；Schad等，2016）。因此，新创企业基于悖论系统对冲突的承载、转移与平衡，不断积累与整合资源、改变能力，以及释放应对外部环境不确定性及其引致的冲突的潜能（Smith 和 Lweis，2011）和释放资源、能力的潜能，促进组织建立良性发展的动态均衡循环。

第三节　动态能力由外至内积累到由内至外释放

动态能力是一种高阶的能力，对组织的绩效产生影响并且具有创造性和主观能动性特征。企业能力系统是应对冲突的容量与能力（Schuman等，2010），包含了企业独特的异质性资源、能力及其组合等（Barney，1991；Teece等，1999），持续积累、释放资源与能力及其组合的潜能（Eisenhardt 和 Martin，2000），并接受悖论式冲突所引致的模糊性和不确定性（Smith 和 Lewis，2011）。企业动态能力系统是动态的而不是静态的，这种动态性反映了其在应对冲突的过程中所沉淀、累积的能力以及释放动态能力的潜能。网络关系可以不断持续激活、释放潜在的网络关系，促进企业保持持续的活跃。研究表明，在不确定性条件下，企业的动态能力的积累与释放主要通过持续性的自主性活跃而实现，一方面，新创企业由外至内的适应性过程不断积累对动态能力释放的前提条件，从而为持续激活企业自主性活跃提供基础条件，而自主性活跃则进一步触发企业内部整合、重构组织内外部的资源和能力来释放动态能力的潜能（Eisenhardt 和 Marti，2000），以能够承载、吸收外部环境的不确定性，进而推动组织“由内至外”释放企业资源与能力的潜能即释放组织动态能力（王建刚等，2016）。自主性活跃使新创企业持续识别隐藏的问题（Madsen，2009），改进自身技能，拓展能力（Rerup，2009；Christianson等，2009），促进主动学习（Zollo 和 Winter，2002），进而激发企业主动整合内外资源。换句话说，由外至内的适应性过程缓冲了外部不确定性对能力系统的冲击，并激发了新创企业的内在能动性（Dalpiaz等，2016；Emirbayer 和 Mische，1998），能够主动运用动态能力要素及其组合来承载不确定性。同时，由外至内的适应过程也是企业对外部动态环境的适应性响应（Stieglitz等，2016），提升了企业适应外部环境的能力，增强了能力系统的基础。另一方面，由内至外的过程通过运用能力系统中已具备的优势为企业承载、吸纳冲突提供了一个平台，避免外部不确定性的直接冲击（Thompson，1967）。同时，通过动态能力的释放以承载、转移和平衡冲突，这也促进了能力系统内动态能力各要素与维度间的动态互动（Teece，2007），如自主性活跃触发了内外部资源的整合。

本书第四章、第五章通过个体与组织层面的研究分析，基于悖论视角探讨了网络关系冲突行为（个体或组织角色网络关系行为、学术或市场网络关系行为）在应对外部动态环境过程中，网络关系适应行为提升新创企业内部能力，并通过对外部网络关系强度、多样性的调整，形成有利于企业发展的网络关系情境，从而促进组织对有利资源和机会的整合，进而提升学术与市场能力以及保留、激活组织的活性和潜在。这体现了新创企业基于网络关系背景下通过悖论循环过程应对冲突行为实现组织对动态能力释放所需前提条件的积累以及激发组织自主性活性的能力过程。第六章通过组织层面探索组织网络关系适应行为转变为网络关系能动行为（网络关系聚类与网络关系扩散冲突行为），基于悖论视角通过两者冲突行为的互动过程，建立动态均衡，不断地促进组织对网络关系的利用与探索，以及对网络关系潜能的激活，从而使组织面对高度动态的外部环境时不断形成应对当期困境的能力，不断对自身能力进行提档升级，不断地积淀资源以及提升整合资源的能力，进而形成良性的能力释放过程即组织动态能力释放。换句话说，在组织网络关系能动的冲突行为平衡过程中，每一阶段生成的能力均为后续能力的释放做铺垫，进而形成了一个持续良性的能力释放过程。因此，组织网络关系能动行为中的冲突行为的互动在建立悖论动态循环的过程中不断推动组织对外部网络关系环境的调整，进而构建了网络关系背景下组织由内至外的动态能力释放。

参考文献

[1] 罗家德，张田，任兵.基于“布局”理论视角的企业间社会网络结构与复杂适应[J].管理学报，2014，11(9)：1253-1264.

[2] 王建刚，杜义飞.资源双依赖下后发企业“由外至内”逻辑的研究[J].管理学报，2016，13(11)：1624-1634.

[3] 王建刚，杜义飞，张均强.“由内至外”与“由内至外”：以中国互联网企业反脆弱性成长为例[C].第十届中国企业管理案例与质性研究论坛，北京：中国人民大学，2016.

[4] 吴结兵，郭斌.企业适应性行为，网络化与产业集群的共同演化——绍兴县纺织业集群发展的纵向案例研究[J].管理世界，2010，(2)：141-155.

[5] 余红剑.新创企业成长动能整合[M].北京：经济日报出版社，2017.

[6] Barney J. Firm resources and sustained competitive advantage[J]. *Journal of Management*，1991，17(1)：99-120.

[7] Christianson M K，Farkas M T，Sutcliffe K M，et al. ,Learning through rare events：significant interruptions at the Baltimore and Ohio Railroad Museum[J]. *Organization Science*, 2009，20(5)：846-860.

[8] Dalpiaz E，Rindova V，Ravasi D. Combining logics to transform organizational agency：Blending industry and art at Alessi[J]. *Administrative Science Quarterly*，2016，61(3)：347-392.

[9] Emirbayer M，Mische A. What is agency?[J]. *American Journal of Sociology*，1998，103(4)：962-1023.

[10] Eisenhardt K M，Graebner M E. Theory building from cases：opportunities and challenges[J]. *Academy of Management Journal*，2007，50(1)：25-32.

[11] Eisenhardt K M, Martin J A. dynamic capabilities: what are they?[J]. *Strategic Management Journal*, 2000, 21(10/11): 1105–1121.

[12] Granovetter M. Economic action and social structure: the problem of embeddedness [J]. *American Journal of Sociology*, 1985, 91(3): 481–510.

[13] Koza M P, Lewin A Y. The co–evolution of strategic alliances[J]. *Organization Science*, 1988, 9(3): 255–264.

[14] Madsen P M. These lives will not be lost in vain: organizational learning from disaster in US coal mining[J]. *Organization Science*, 2009, 20(5): 861–875.

[15] Rerup C. Attentional triangulation: learning from unexpected rare crises[J]. *Organization Science*, 2009, 20(5): 876–893.

[16] Schad J, Lewis M W, Raisch S, et al. Paradox research in management science: looking back to move forward[J]. *Academy of Management Annals*, 2016, 10(1): 5–64.

[17] Schuman A, Stutz S, Ward J. *Family business as paradox*[M]. Chicago: Springer, 2010.

[18] Smith W K, Lewis M W. Toward a theory of paradox: adynamic equilibrium model of organizing[J]. *Academy of Management Review*, 2011, 36(2): 381–403.

[19] Stieglitz N, Knudsen T, Becker M C. Adaptation and inertia in dynamic environments[J]. *Strategic Management Journal*, 2016, 37(9): 1854–1864.

[20] Tan J J, Litsschert R J. Environment–strategy relationship and its performance implications: an empirical study of the Chinese electronics industry[J]. *Strategic Management Journal*, 1994, 15(1): 1–20.

[21] Tan J, Tan D. Environment – strategy co–evolution and co–alignment: a staged model of Chinese SOEs under transition[J]. *Strategic Management Journal*,2005, 26(2): 141–157.

[22] Teece D J. Explicating dynamic capabilities: the nature and microfoundations of (sustainable) enterprise performance[J]. *Strategic Management Journal*, 2007, 28(13): 1319–1350.

[23] Teece D J, Pisano G, A Shuen. *Dynamic capabilities and strategic*

management[M]. New York：Knowledge and Strategy，1999.

[24] Thompson J D. *Organizations in action*：*Social science bases of administrative theory*[M]. Chicago：Transaction Publishers，1967.

[25] Zollo M，Winter S G. Deliberate learning and the evolution of dynamic capabilities[J]. *Organization Science*，2002，13(3)：339–351.

第四章　新创企业关键个体网络关系行为与环境适应的动能整合过程

艺术行业中艺术品是一种特殊的商品，它既有普通的商业性价值属性，又有特殊的艺术性价值属性。艺术价值实现涉及多元网络关系的嵌入，且其价值动态变化过程与网络关系变化息息相关（Alexander 和 Bowler，2014）。我国本土艺术行业中艺术家在艺术价值释放过程中扮演了极其重要的角色。他们既是艺术作品的创造者，也是艺术机构组织中的经营管理主体，艺术价值的属性决定他们在自身能力方面主要集中于学术与市场能力，两种能力直接影响到艺术品价值的释放，尤其是影响到新创艺术机构组织的生存与发展。作为新创企业的关键主体在能力提升过程中存在角色转换即个体或组织角色的网络关系，同时网络关系再造即网络关系多样性与强度属性使网络关系发生重组，故新创企业关键主体通过运用不同角色网络关系行为与网络关系属性会对行为主体产生不同的影响作用，比如自身能力的提升。本章基于悖论视角从个体层面探索并检验新创企业关键主体如何通过网络关系行为适应环境即企业关键主体运用角色转换中的个体、组织角色网络关系行为和网络关系再造中网络关系多样性、强度属性实现学术与市场能力提升的路径以及影响关系。

在本研究调查过程中发现一个有趣的现象：艺术家依托于网络关系提升学术与市场能力具有灵活性——他们既可以完全利用个体角色的网络关系，也可以与艺术机构组织建立合作或完全依赖组织的网络关系实现能力提升。我国本土艺术机构组织或企业中的艺术家大部分会同时以个体和组织角色提升学术与市场能力，但个体与组织角色之间是存在冲突的。同时，基于网络关系属性作为关键主体的艺术家可以运用个体或组织角色网络关系行为，二者冲突行为与网络关系强度、多样性属性会形成哪些有利于艺术家能力提升以适应外部动态环境的路径？这些路径中冲突的角色行为与网络关系属性之间存在怎样的影响关系呢？当前，有管理学者针对艺术行业及艺术机构组织的研究指出，基于网络关系解释艺术价值释放：Yogev 和 Grund（2012）指出在艺术企业中网络动态与市场结构息息相关，个体与组织只有密切关注与把握网络动态才能在市场结构中占有主动权。Granovetter（1973，1985）提出强、弱关系的相关理论和社会网络嵌入性对经济行为以及对知识吸收、资源获取的影响（Burt，1992；Jack，2005）。但是这些研究并不能很好地解释网络关系如何影响艺术家能力提升。同时，本研究发现双元性的有关研究可以解释艺术家为什么会运用不同角色网络关系行为释放艺术价值。Simsek（2009）指出网络关系对组织获得双元性有正向影响作用。双元性作为组织的一种能力，它能够快速地响应使组织适应动态环境（O'Reilly 和 Tushman，2013）。但在动态的环境中作为悖论主体的个体面对冲突的角色时如何适应外部高度不确定的环境？以Smith 和 Lewis（2011）为代表基于悖论视角下解释组织响应冲突的过程建立悖论动态平衡，以及Mariotti 和 Delbridge（2012）提出网络关系的动态变化，两者的结合能够解释冲突行为的悖论循环过程推动网络关系释放能动性，促进网络关系强度的变化和丰富多样性，潜在网络关系不断地被激活，组织形成具有承载艺术价值释放的新网络关系，推动企业关键主体以及组织能力提升。

第一节 研究方法

一、方法与样本选择

围绕“网络关系行为的悖论循环过程如何释放动态能力”这一核心问题中的第一子问题进行分析，一方面新创企业中关键主体在角色转换和网络关系再造上都呈现出多维度的特征，另一方面新创企业关键主体形成的网络关系状态最终形成不同的模式影响能力，并且可能存在殊途同归性（即不同的模式同样能够取得相同的能力提升），因此本研究将通过模糊集定性比较方法（fsQCA）探索并验证悖论视角下新创企业关键主体的网络关系行为对适应外部环境的路径以及影响关系，即个体层面行为主体运用个体或组织角色网络关系冲突行为与网络关系多样性、强度实现学术与市场能力提升的路径以及影响关系。

本研究选择的研究对象为新创艺术机构组织中的艺术家，他们作为艺术创作者以及新创艺术机构组织中的经营管理主体影响到艺术机构组织的生存与绩效。通过对艺术家群体（即个体层面）检验网络关系实现能力改变的路径以及影响关系，能够有效支撑本研究问题的深度开展。作为艺术家群体，其在艺术机构组织中扮演着重要的角色，艺术家既是艺术作品的创造者，也是艺术作品的源泉；同时他们也置身于企业，成为组织的重要成员，比如成为艺术机构组织的合伙人、签约艺术家或是他们直接创建艺术机构组织。因此，选择艺术家群体会很好地契合本研究从个体层面探索并检验新创企业关键主体运用个体、组织角色网络关系行为与网络关系多样性、强度属性实现能力提升的路径以及影响关系。

本研究将著名艺术评论家、艺术史学家吕澎称之为“艺术第三城”的成都作为研究区域，主要依托此区域的艺术机构组织收集艺术家样本，根据fsQCA方法对样本选择的标准（在结果变量变异为标准的基础上，选择在各条件变量组合同样存在变异的案例），并基于本研究探索的是“悖论视角下网络关系行为与动态能力释放过程以及内在作用机理”这个核心问题，由此，在考虑结果变量变异的基础上，在艺术家群体的样本中，主要抽取与新创艺术机构组织建立了合作关系或是在近8年自身经营管理新创艺术机构组织的艺术家，因为此类艺术家的网络关系行为更容易证实其对新创企业应对外部动态环境的适应过程。综合考虑以上选择标准与数据来源，选取了31位艺术家样本作为本研究实证研究对象，详见表4-1。

表4-1 样本艺术家信息

序号	艺术家姓名	序号	艺术家姓名	序号	艺术家姓名
1	李**	2	罗*	3	李**
4	孙**	5	曾**	6	任**
7	曾*	8	陈*	9	唐*
10	戴*	11	番*	12	谭*
13	范**	14	蒋*	15	方*
16	何**	17	金**	18	刘*
19	李*	20	林*	21	冯**
22	刘**	23	谢**	24	王**
25	刘**	26	吕**	27	刘**
28	刘*	29	桑*	30	龙*
31	罗*				

二、关键维度和变量测度

（一）关键维度

1. 角色转换

本研究的研究对象，无论是艺术家还是机构工作人员，他们都在艺术家艺术价值释放过程中提及“角色”概念。艺术家中，无论是艺术初学者还是功成名就者，都会通过不同角色形式的网络关系——个体角色或组织角色促进艺术价值的实现，进而提升自身学术与市场能力。

艺术家基于自身职业发展的认知以及机会因素，主要依赖自身的网络关系，实现艺术价值。有些艺术家在发展初期可能因为自身学术的限制，无法借助艺术机构组织或学术圈层的力量进行对自身的推广，更多地依赖个人角色与外部关系产生交互，让自身的艺术性和商业性被外界认知。例如：

“在我初学期间，我第一要做的事就是不断地练习，不断地去提升自己的作品质量。你总要有一些出彩的地方才会有人来关注你”（曾*）；“当我在美院学习绘画时，唯一能做的事就是要不断地画，不断地画，没有人帮你的，你只有拿作品来说话”（唐*）。

但是另外有一些艺术家已经被认知，自己的网络关系也比较丰富，主要依赖自己也可以实现艺术价值。例如：

“我有很多的粉丝，我们保持很紧密的联系……有个粉丝就准备出钱给我建个人的展览馆，这个对我的艺术价值实现是非常有意义的”（任**）

这就形成了运用个人角色网络关系行为释放艺术价值来提升学术与市场能力。个体角色网络关系行为形式是指艺术家主要运用自身与外部网络关系建立连接、互动，进而释放艺术价值实现能力提升，这更多体现了个体与网络关系交互的强度转换，强关系更有利于交易的形成（Jack，2005），这是对个人能力与个人网络关系的一种考验。

艺术机构组织（画廊、美术馆以及以依托艺术发展的企业等）是艺术行业发展的重要参与者，是实现艺术价值的重要中介媒体。艺术家在艺术价值释放过程中可能主动或被动地与组织机构建立合作关系。例如：

“我们和一些艺术家签约，我们对这些作品进行推广，专业的人来做专业的事”（蒋*）；“其实我没有太多的时间来自己去做市场影响，我还是需要更多的时间投入到作品创作中去”（曾*）。

这就形成运用组织角色网络关系行为释放艺术价值来提升学术与市场能力。组织角色网络关系行为是指艺术家主要运用组织与网络关系建立连接、形成互动，进而释放艺术价值实现能力提升，体现组织与网络关系建立的范围、广度，多元网络关系更有利组织获得多元化的信息、机会和资源（Granovetter，1973；Methot等，2016），这也体现了艺术家自身大多数不参与艺术价值实现过程，更多专注于艺术的作品创作。

2. 网络关系再造

角色转换为网络关系再造提供了基础。网络关系再造是指网络关系的多样性与强度属性随着角色转换发生变化。不管艺术家是个体角色还是组织角色，不同的角色就会形成不同的网络关系。随着行为主体发生角色转换，网络关系也不断地发生变化，进而改变了原有网络关系形成新的网络关系。

艺术家群体以个体角色网络关系行为提升能力时，其网络关系是以“自我中心化”为主。个体之间传递信息的特征具有相似性，导致他们在事物态度上具有相似性，导致形成彼此的模仿，个体则更容易与同质性的主体产生关系，强关系显得尤为重要，因为对于个体而言，这是有利于信任的，但是减少了弱关系的能力，更少接触和吸附到新的个体（Gulati等，2012）。例如：艺术家在与外部大众群体产生关系时，基于自己的个性特征，他更倾向将作品出售给有相同审美观、能产生思想共鸣的群体，或许对相见甚欢的收藏者直接赠予，对于自己不认同的收藏者拒绝交易。在此阶段艺术家群体会对自己的网络关系所涉及的强度和多样性进行迭代。

首先，网络关系的强度方面：艺术家群体维持或改变不同强度的网络关系，不同强度的网络关系对他们都产生影响。例如：

“很多熟悉的朋友有购买我的作品的，在他们的介绍下也有很多购买了作品的新朋友，这些关系都一直存在着”（李**）；“其实我和机构的合作不多，但是也还是有接触，但这样的关系需要维持，或许某天就会彼此合作起来”（冯**）。

其次，网络关系多样性方面：

"艺术家是相对感性的群体，他们很多时候会结交志同道合的朋友"（吕**、谢**）。但事实上艺术家又让自己接触多样性的网络关系。例如：

"艺术家是什么样的群体都会接触到，他会接触不同于自己的门类"（蒋*）；"你不仅要在自己的门类里得到别人的意见，其他的门类也可以给你很多意见的"（唐*）。

艺术家群体运用个体角色网络关系行为提升能力时，他对自身所附有的网络关系进行迭代——从网络关系的强度、多样性进行迭代，改变原有承载能力，促进艺术价值的实现。艺术家群体运用组织角色网络关系行为时，他完全依赖于组织的网络关系。组织与个体的网络关系存在差异：组织更具有合法性，他们所针对的对象也不一样，他会基于发展的动机、学习、信任、规范与监控、公平原则去形成自身网络，与其他组织形成组织之间的协作。组织之间的网络关系通过讨论解决问题，通过互惠的规则和规范确保合作，并且能使组织唤醒其他相关的连接（Powell等，2005）；组织拥有多重的身份形成多元化关系，更容易建立交易和更有能力采取适合自身的变革（Shipilov等，2014）；组织形成多元化关系能够在某种程度上增加机会，这样能提升行动者战略行为的灵活性（Shipilov 和 Li，2014），同时有利于未来关系的形成。艺术家群体与机构形成的松散组织，使组织所具有的优势被利用起来，为艺术价值的释放拓宽了道路。

3. 能力提升

Beckert 和 Rössel（2013）和Yogevt 和 Grund（2012）提出艺术家的发展看重自身的名气。本研究分析发现艺术家的名气以及他的影响力涉及两个方面：学术能力与市场能力。学术能力是指艺术家在艺术行业中艺术性被艺术家群体（艺术家、批评家、鉴赏家等）接受的程度；市场能力是指艺术家本人以及其艺术作品在市场是被接受的程度。

（二）变量测度

本研究以网络关系视角为出发点，通过匹配的方式，采用多维度来分别刻画新创企业关键主体角色转换和网络关系再造的特征，具体而言：（1）从运用个体角色网络关系行为和组织角色网络关系行为两个维度来解读新创企业关键主体的网络关系特征，其中个体角色网络关系行为是指通过个体行为主体的身份建立的网络关系被利用的程度。涉及的关系包含朋友和家庭、商业、机构和其他个体、雇主四大类关系（Ahuja等，2012）；组织角色网络关系行为是指个体作为组织中的关键主体，基于组织行为主体的身份建立的网络关系被运用的程度。涉及的关系包含合伙人、合作者和竞争者、机构或是商业机构、监管机构（Ahuja等，2012）。（2）从网络关系再造出发，网络关系的多样性和强度两个维度代表网络关系的显著特征（Ahuja等，2012；Granovetter，1973；Powell等，2005）。网络关系多样性是指在同一类的行为主体之间有着不同类型的多重关系，代表了关系的多元化广度、异质性的内容（Ahuja等，2012）；网络关系强度基于个体网络提出节点之间的交流时间、情感的紧密程度、熟识性和互惠性程度的关系（Granovetter，1973），这代表了关系互动的程度。为了探索出企业关键主体在角色转换中运用不同角色网络关系行为和网络关系再造中网络关系属性构成高学术能力和高市场能力的组态，我们在以往文献对每个变量的定义以及测度的基础上，结合31位艺术家的实际情况为个体角色网络关系行为、组织角色网络关系行为、网络关系多样性、网络关系强度分别赋值高、低，对能力提升分为中、较好和好三个层次，具体而言：（1）角色转换中运用个体角色网络关系行为"低"表示企业关键主体聚焦于简单创作技术、小范围有作品交易产生；"高"表示企业关键主体聚焦于创作难度高、大范围有作品交易；角色转换中组织角色网络关系行为"低"表示企业关键主体聚焦于简单创作技术、小范围有作品交易产生；"高"表示企业关键主体聚焦于创作难度高、大范围有作品交易。（2）网络关系再造中的多样性"低"代表了作为企业关键主体的艺术家在其作品风格形成发展以及作品交易产生过程中涉及的网络关系类型比较单一，具有同质性特征；"高"代表了作为企业关键主体的艺术家在其作品风格形成发展以及作品交易产生过程中涉及的网络关系类型的多元化，具有异质性特征。网络关系再造中的网络关系强度"低"代表了作为企业关键主体的艺术家与网络关系交互很浅即行为主体涉及的网络关系弱关系；"高"代表了作为企业关键主体的艺术家与网络关系交互程度深即行为主体涉及的网络关系中的强关系。（3）能力提升的"中"，代表了学术与市场能力在行业中居中等，但与高层次的艺术家还存在较大差距；“较好”表示学术与市场的能力处于行业优秀，与高层次的艺术家差距较少；“好”表示学术与市场能力与国内外知名艺术家能够并驾齐驱。变量测度标准见表4-2。

表4-2 变量测度标准

<table>
<tr><th>维度</th><th>变量</th><th>描述</th><th>测度标准</th><th>赋值</th></tr>
<tr><td rowspan="4">角色转换</td><td rowspan="2">个体角色网络关系行为</td><td rowspan="2">运用个体角色网络关系行为对艺术创作水平、作品交易的影响程度</td><td>局限于简单创作技术、小范围网络关系中作品交易产生</td><td>低</td></tr>
<tr><td>复杂创作技术、大范围网络关系中作品交易产生</td><td>高</td></tr>
<tr><td rowspan="2">组织角色网络关系行为</td><td rowspan="2">运用组织角色网络关系行为对艺术创作水平、作品交易的影响程度</td><td>局限于简单创作技术、小范围网络关系中作品交易产生</td><td>低</td></tr>
<tr><td>复杂创作技术、大范围网络关系中作品交易产生</td><td>高</td></tr>
<tr><td rowspan="4">网络关系再造</td><td rowspan="2">多样性</td><td rowspan="2">关系的广度</td><td>单一类型网络关系参与</td><td>低</td></tr>
<tr><td>多元类型网络关系参与</td><td>高</td></tr>
<tr><td rowspan="2">强度</td><td rowspan="2">关系的深度</td><td>网络关系之间浅层交互</td><td>低</td></tr>
<tr><td>网络关系之间深度交互</td><td>高</td></tr>
<tr><td rowspan="3">能力提升</td><td>学术提升</td><td>协会会员身份层次、工艺基本功和创作能力被学术圈认可</td><td>行业中等，还存在较大差距</td><td>中</td></tr>
<tr><td rowspan="2">市场提升</td><td rowspan="2">艺术家和其作品被市场认可的程度</td><td>行业优秀，差距较小</td><td>较好</td></tr>
<tr><td>与国内外著名艺术家并驾齐驱</td><td>好</td></tr>
</table>

三、变量赋值标准

（一）个人和组织角色网络关系行为

本研究从个人角色网络关系行为和组织角色网络关系行为两个维度来刻

画企业关键主体角色转换的特征。根据定义，个人角色网络关系行为是指通过个体对网络关系的运用程度（Jack，2005；Ahuja等；2012），捕获网络关系中主体与主体交互的广度与深度；组织角色网络关系行为是指通过组织对网络关系的运用程度（Ahuja等，2012），捕获组织与外部网络关系之间的广度与深度，即广泛性、多元性的网络关系。当前现有文献并没有形成系统客观的角色网络关系行为支撑，因此本研究参考Yogev 和 Grund（2012）艺术品交易市场对网络关系运用程度的测量即选择一定的标准，将符合标准的关系数量标记为“1”，将艺术家的艺术生涯中具有重大影响的关键艺术品，从创作到交易完成这一过程中所涉及的关键网络关系实体数量加总[①]，即为角色转换中不同角色网络关系行为黏附的网络关系实体。由于本研究涉及多种类型的网络关系，采用统一的标准对网络关系行为进行刻画会存在明显的偏差。由此，本研究参考Ahuja等（2012）将网络关系划分为四大类型：情感关系、市场关系、层级关系、相关关系，进而分别涉及标准进行个体角色网络关系行为的测量，最后加总。

就个体角色网络关系行为而言，将其每幅关键作品与四大类型网络关系产生的创作指导和任何交易分别设置为“1”（情感关系中通过亲戚、朋友等网络关系完成的艺术品创作、交易行为设置为1；市场关系中通过艺术品收藏者、爱好者、艺术机构组织等网络关系完成的艺术品创作、交易行为设置为1；层级关系中通过雇主、同事等网络关系完成的艺术品创作、交易行为设置为1；相关关系中通过艺术协会机构类的组织或是其他个体完成的艺术品创作、交易行为设置为1 ）。艺术家艺术生涯具有重大影响的关键艺术品的创作到交易完成得分总分即为个体角色网络关系行为的值，每位艺术家得分见表4–3。

① 对艺术家职业生涯有重大影响的关键作品基本不超过4件，该数据通过本研究对31位艺术家半结构化访谈获得。

表4-3　个体角色网络关系行为值

序号	艺术家姓名	个体角色网络关系行为值	序号	艺术家姓名	个体角色网络关系行为值	序号	艺术家姓名	个体角色网络关系行为值
1	李**	7	2	罗 *	8	3	李**	10
4	孙**	13	5	曾**	9	6	任**	7
7	曾 *	9	8	陈 *	6	9	唐 *	6
10	戴 *	10	11	番*	8	12	谭 *	5
13	范**	9	14	蒋 *	7	15	方 *	6
16	何**	7	17	金**	11	18	刘 *	9
19	李 *	6	20	林 *	11	21	冯**	7
22	刘 **	4	23	谢**	11	24	王**	8
25	刘**	9	26	吕 **	12	27	刘**	3
28	刘*	4	29	桑*	14	30	龙 *	8
31	罗 *	9						

此外，由于个体角色网络关系行为值最后得到的数值为连续值，因此，借助软件程序将艺术家得到的具体数值转换成对应的集合从属值。实行此步骤之前，还需明确三个关键的临界值，具体为：完全从属于个体角色网络关系行为集合的临界值、交叉临界值和完全不从属于集合的临界值，为了尽可能地规避矛盾构架，这些临界值必须借助于理论和实践方能确定（Byrne 和 Ragin，2009）。最后确定个体角色网络关系行为临界值标准（见表4-4）。

表4-4　个体角色网络关系行为运用“Caliberate”程序的赋值标准

变量	threshold		
	Full nonmembership	Crossover point	Full membership
个体角色网络关系行为	2.00	7.00	11.00

就组织角色网络关系行为而言，将其每幅关键作品与四大类型网络关系产生的任何交易分别设置为“1”（情感关系中通过合作伙伴等网络关系完成的艺术品创作、交易行为设置为1；市场关系中通过艺术品收藏者、爱好者、艺术机构组织的竞争伙伴等网络关系完成的艺术品创作、交易行为设置为1；层级关系中通过政府、艺术品监管类的机构等网络关系完成的艺术品创作、交易行为设置为1；相关关系中通过艺术协会、媒体等组织或是其他个体完成的艺术品创作、交易行为设置为1 ）。在艺术家艺术生涯中，具有重大影响的关键艺术品从创作到交易的得分总分即为组织角色网络关系行为的值，最后结果见表4–5。

表4–5 组织角色网络关系行为值

序号	艺术家姓名	组织角色网络关系行为值	序号	艺术家姓名	组织角色网络关系行为值	序号	艺术家姓名	组织角色网络关系行为值
1	李**	4	2	罗*	5	3	李**	7
4	孙**	5	5	曾**	4	6	任**	8
7	曾*	7	8	陈*	5	9	唐*	2
10	戴*	4	11	番*	5	12	谭*	2
13	范**	5	14	蒋*	10	15	方*	1
16	何**	7	17	金**	5	18	刘*	8
19	李*	3	20	林*	5	21	冯**	8
22	刘**	2	23	谢**	5	24	王**	8
25	刘**	4	26	吕**	5	27	刘**	3
28	刘*	1	29	桑*	4	30	龙*	5
31	罗*	8						

此外，由于组织角色网络关系行为值最后得到的数值为连续值，因此，借助软件程序将艺术家得到的具体数值转换成对应的集合从属值。实行此步骤之前，还需明确三个临界值，具体为：完全从属于组织角色网络关系行为

集合的临界值、交叉临界值和完全不从属于集合的临界值，为了尽可能地规避矛盾构架，这些临界值必须借助于理论和实践方能确定（Byrne 和 Ragin，2009）。最后确定的组织角色网络关系行为临界值标准（见表4–6）。

表4–6　组织角色网络关系行为运用“Caliberate”程序的赋值标准

变量	threshold		
	Full nonmembership	Crossover point	Full membership
组织角色网络关系行为	1.00	4.00	7.00

（二）网络关系多样性与强度

本研究从网络关系多样性和网络关系强度两个维度来刻画艺术家网络关系再造的特征。根据定义，网络关系多样性是指在同一类的行为主体之间有着不同类型的多重关系（Ahuja等，2012），捕获了关系的横向维度，即多元化、异质性的内容；网络关系强度是指基于个体网络提出节点之间的交流时间（Exchange time）、情感紧密程度（Emotional closeness）、熟识性（Familiarity）和互惠性（Reciprocity）程度（Granovetter，1973）捕获了其纵向维度，这代表了关系互动的深度。本研究主要通过艺术家所处网络的关系链接类型与数量，同时结合文本数据对艺术家的网络关系再造特征进行刻画。

就网络关系多样性而言，有的学者从测量对象所在网络中所链接的物理距离对网络关系多样性进行刻画（Knoben 和 Oerlemans，2006），也有学者从测量对象所在网络中关系的认识时间来看网络关系多样性（徐昌成，2011）。本研究借鉴Raesfeld（2012）等人的方法测度网络关系多样性。首先将艺术家的外部网络关系划分为8种类型：①朋友和家庭；②商业的个体；③机构和其他个体；④雇主；⑤合伙人；⑥合作者和竞争者；⑦机构或是商业机构；⑧监管机构（Ahuja等，2012）。计算网络成员多样性的公式如（1）：

$$NRD = 1 - \sum_{i=1}^{S} \left(\frac{P_{it}}{P_{st}}\right)^2 \quad (1)$$

其中，NRD表示网络关系多样性（Network Relationship Diversity）；P_{st}表示网络规模，即艺术家在所处艺术事业圈层网络中相接触的实体总数；P_{it}表示艺术家在所处艺术事业圈层网络中相接触的实体属于类型i的数量；s表示艺术家在所处艺术事业圈层网络中相接触的实体属于类型总数。NRD的值越高，表示艺术家在所处艺术事业圈层网络的关系多样性越高，反之则越低。具体涉及网络关系关键实体数据见表4-7。

表4-7　艺术家涉及网络关系关键实体数据表

序号	艺术家	关系类型								合计
		朋友和家庭	商业的个体	机构和其他个体	雇主	合伙人	合作者和竞争者	机构或是商业机构	监管机构	
1	李**	0	9	1	0	0	0	3	0	13
2	罗 *	0	0	8	0	0	5	0	0	13
3	李**	2	3	0	1	3	2	2	1	14
4	孙**	4	3	0	0	3	4	1	0	15
5	曾**	3	5	2	2	0	4	3	0	19
6	任**	2	15	11	3	4	5	5	4	49
7	曾 *	0	2	3	0	3	1	2	0	11
8	陈 *	0	0	4	0	0	3	0	0	7
9	唐 *	9	0	0	0	0	2	0	0	11
10	戴 *	0	0	0	8	1	0	0	2	11
11	番*	1	4	3	5	0	3	2	1	19
12	谭 *	2	0	4	5	0	3	2	2	18
13	范**	0	12	0	0	0	5	0	1	18
14	蒋 *	2	5	13	0	2	8	7	2	39

续表

序号	艺术家	关系类型								合计
		朋友和家庭	商业的个体	机构和其他个体	雇主	合伙人	合作者和竞争者	机构或是商业机构	监管机构	
15	方*	4	5	4	3	3	2	1	2	24
16	何**	4	3	7	0	2	5	6	0	27
17	金**	2	7	5	4	3	2	1	2	26
18	刘*	0	0	9	0	1	0	2	1	13
19	李*	0	0	0	13	0	0	1	3	17
20	林*	0	0	11	0	0	2	1	0	14
21	冯**	0	5	0	0	4	0	0	0	9
22	刘**	0	10	0	0	2	0	0	2	14
23	谢**	3	2	0	1	3	0	3	0	12
24	王**	0	4	2	3	2	0	3	1	15
25	刘**	2	7	5	3	2	4	1	3	27
26	吕**	0	0	6	1	0	2	0	0	9
27	刘**	0	5	0	0	0	1	0	1	7
28	刘*	1	5	4	1	0	0	2	0	13
29	桑*	7	0	11	6	0	5	4	5	31
30	龙*	1	12	0	0	0	5	0	0	18
31	罗*	0	0	1	8	0	11	0	0	20

此外，一方面，在行业内处于不同层次的艺术家所涉及的网络关系的关键实体数量会存在较大的差距；另一方面，网络关系关键实体并不能完全真实地反映艺术家所拥有的网络关系广度，仅通过网络关系关键实体及异质性对网络关系再造的刻画会存在一定的偏差。因此，本研究对网络关系再造的刻画还参照了艺术家本身的学术特征和学术水平，这主要是依托于二手数据

的分析得到。就网络关系多样性本身来说，本研究进一步考虑艺术家自身创作作品的技能特征，即复杂创作与简单创作，复杂创作产品一般涉及多类创作技术和风格，每一种创作技术或风格都与不同领域的学术知识相配套（Miller等，2007；Xiao等，2013），学术距离比较大的，简单创作一般只涉及少量相关学术领域，与复杂创作相比，学术涉及领域相对较小。综合考虑艺术家涉及的网络关系关键实体将其代入公式（1）计算得出网络关系多样性值（见表4-8）和创作作品的学术特征，得出网络关系多样性fsQCA赋值标准（见表4-9）。

表4-8 网络关系多样性值

序号	艺术家	网络多样性值	序号	艺术家	网络多样性值
1	李**	0.461538462	2	罗*	0.473372781
3	李**	0.836734694	4	孙**	0.773333333
5	曾**	0.814404432	6	任**	0.816326531
7	曾*	0.776859504	8	陈*	0.489795918
9	唐*	0.297520661	10	戴*	0.429752066
11	番*	0.819944598	12	谭*	0.808641975
13	范**	0.475308642	14	蒋*	0.790269560
15	方*	0.854166667	16	何**	0.809327846
17	金**	0.834319527	18	刘*	0.485207101
19	李*	0.380622837	20	林*	0.357142857
21	冯**	0.493827160	22	刘**	0.448979592
23	谢**	0.777777778	24	王**	0.808888889
25	刘**	0.839506173	26	吕**	0.493827160
27	刘**	0.448979592	28	刘*	0.721893491
29	桑*	0.811634349	30	龙*	0.475308642
31	罗*	0.487534626			

表4-9　网络关系多样性的fsQCA赋值标准

分值	赋值依据
1	复杂创作，涉及创作技术领域广泛
0.67	复杂创作，涉及技术领域相对较少
0.33	简单创作，涉及创作技术相对更广
0	简单创作，涉及创作技术相对更少

就网络关系强度而言，现有研究往往用企业接触频率（Frequency）等单个指标来度量企业创新网络关系的强度，如Raesfeld（2012）等学者从企业间的互动频率着手，认为网络关系强度可以由实体与关联对象的合作平均次数进行表述，合作的平均次数越多，网络关系强度越大，反之则越小；同时，也有的学者通过问卷分析影响因素的方式对网络关系强度进行多维度刻画，如接触时间、投入资源、合作交流范围及互惠性等影响因素（潘松挺和蔡宁，2010）。Adamic 和 Adar（2003）就互联网个人用户的社交网络数据提出了个人网络关系强度测度模型，本研究借鉴Gupte 和 Eliassi-Rad（2012）对该网络关系强度测度模型改进的方法，结合本研究所调研艺术家圈层的自身情境，通过统计分析艺术家与关键人物的共同事件，计算网络关系强度多样性。计算公式如下（2）：

$$NRS_G(u,v)=\sum_{P\in\Gamma(u)\cap\Gamma(v)}\frac{1}{\log|P_i|} \qquad (2)$$

其中，u表示艺术家，v表达关键人物，P则是艺术家与关键实体共同参与的事件。由公式可知，艺术家与关键实体共同参与的事件越多，艺术家的网络关系强度越高；艺术家与关键实体所参与的事件中，别的关键实体参与越少，关系强度越高。同时，艺术家的网络关系强度只与其参与的事件相关，艺术家与关键实体之间的关系强度只与他们共同参与的事件相关。因此，针对网络关系强度，通过文本分析的方法，确定每个艺术家在2014—2016年期间个人满意的新创作品的数量，由每一件满意作品所涉及的8类网络关系的数量计算得出，最后将其综合来刻画。案例艺术家新创作品涉及关键实体数量并将其带入公式（2）得出网络关系强度值表（见表4-10）。

表4-10 艺术家新创作品涉及关键实体数据与网络关系强度值表

序号	艺术家	2014—2016年个人满意新创作品涉及关键实体								网络关系强度值
		P1	P2	P3	P4	P5	P6	P7	P8	
1	李**	5	4	3	4	5				8.279184485
2	罗*	3	7	5	6	6	7			8.463363575
3	李**	4	5	7	6	4				7.220996524
4	孙**	6	8	9	6	10	12	6		7.937181037
5	曾**	3	2	3	4	2	5			13.92730334
6	任**	5	4	7	6	6	5			8.275806244
7	曾*	3	4	4	3	2	4			12.49662679
8	陈*	5	7	5	6	7				6.513039650
9	唐*	5	6	5	4					5.807414373
10	戴*	2	4	2	3	4	3			14.15759083
11	番*	5	7	4	7	9				6.506181568
12	谭*	2	2	2	4					11.62674833
13	范**	6	8	7	9	4	12			7.211245329
14	蒋*	4	5	3	4	6				8.133605136
15	方*	2	3	2	2	2				15.38361565
16	何**	8	11	7	6	4	5			7.627594410
17	金**	8	11	7	6	4	5	9	13	9.573257764
18	刘*	5	6	4	5	3				7.903317647
19	李*	5	3	4						5.187543880
20	林*	3	4	2	5	6	8	3		12.99778182
21	冯**	4	5	2	4	2				11.39646084

续表

序号	艺术家	2014—2016年个人满意新创作品涉及关键实体								网络关系强度值
		P1	P2	P3	P4	P5	P6	P7	P8	
22	刘**	2	4	5						6.413568700
23	谢**	7	6	8	9	7	8	6		8.199354110
24	王**	3	4	3	2	4	4			12.49662679
25	刘**	6	3	6	7	8	7			8.139996382
26	吕**	4	5	2	4	3	3	6	5	14.98211306
27	刘**	3	2	5	2					10.17043602
28	刘 *	2	3	3	2					10.83566274
29	桑*	5	7	9	8	6				6.054329432
30	龙 *	4	3	2	2	4	2	3	4	19.14048298
31	罗 *	3	2	3	2	4	2			15.81855488

此外，由于组织网络关系强度值最后得到的数值为连续值，因此，借助软件程序将艺术家得到的具体数值转换成对应的集合从属值。实行此步骤之前，还需明确三个临界值，具体为：完全从属于网络关系强度集合的临界值、交叉临界值和完全不从属于集合的临界值，为了尽可能地规避矛盾构架，这些临界值必须借助于理论和实践方能确定（Byrne 和 Ragin，2009）。最后确定的网络关系强度临界值标准（见表4-11）。

表4-11　网络关系强度运用“Caliberate”程序的赋值标准

变量	threshold		
	Full nonmembership	Crossover point	Full membership
网络关系强度	5.00	10.00	15.00

（三）学术和市场能力

本研究从学术能力和市场能力两个维度来刻画企业关键主体艺术家能力提升特征。就学术能力而言，作为艺术机构组织中关键主体，艺术家的学术能力测度将从艺术家艺术风格的形成来进行测量（南寅，2014），会存在两个方面的问题，一是艺术风格本身包含了艺术家风格和艺术风格，二者是具有一致性的，但是艺术家身份和艺术风格却又不总是同步的（宗白华，1981），因此艺术风格并不能完全刻画艺术家的学术能力；二是艺术家的风格是根据其在不同风格特征下而进行论证的，是将艺术家的艺术经验和艺术心理的变化进行整合而形成。通过艺术风格来测量其学术能力，无法涵盖所有的艺术家，特别是那些从艺时间相对较短，知名度不高的艺术家，因而艺术风格独特并不能代表艺术家学术能力强。因此，本研究采用文本分析的方式通过逐级编码从艺术家获得协会会员身份、工艺基本功和创作能力三方面共同刻画艺术家学术能力，具体集合赋值标准见4-12。

表4-12　fsQCA方法学术能力的赋值标准

分值	赋值依据
1.00	国家级艺术协会会员身份，工艺基本功和创作能力与国内顶尖水平差距很小
0.67	省级艺术协会会员身份，工艺基本功和创作能力达到国内优秀水平
0.33	一级市级艺术协会会员身份，工艺基本功和创作能力达到国内中等
0	市级以下艺术协会会员身份，工艺基本功和创作能力一般水平

就市场能力而言，作为艺术机构组织中关键主体的艺术家，其市场能力测度是从艺术家的从业时间、职务头衔、机构对其的包装、媒体宣传等方面进行的（Beckert 和 Rössel，2013），会存在两方面问题，一是艺术家的从业时间、职务头衔本身并不能完全刻画艺术家的市场能力（Dalpiaz等，2016）；二是仅从对艺术家的包装和宣传来刻画艺术家的市场能力，无法客观反映艺术家在市场上的被认可程度，即使后面其艺术作品成交量逐渐上升，也并不代表艺术家的市场能力很强。因此，本研究采用文本分析的方式，通过逐级

编码，将行业市场中收藏家、艺术机构组织等多元群体对艺术家的认可程度赋值，具体集合赋值标准见4-13。

表4-13　fsQCA方法市场能力的赋值标准

分值	赋值依据
1.00	在国内外大型艺术品交易市场被广泛认可
0.67	在国内大型艺术品交易市场被广泛认可
0.33	在国内市场艺术品交易市场被认可
0	在国内小范围的艺术品交易市场被认可

四、数据收集与处理

（一）数据收集

本研究的数据收集与编码由3名成员组成，对多种来源的数据进行收集的同时展开交叉验证（Eisenhardt，1989）。除了本研究作者以外，一位是本研究作者的指导老师，另外一位是组织战略变革的博士生，对作者的研究议题和过程都非常了解。本研究小组成员均参与了数据收集和编码工作。

本研究的数据来源主要涉及：（1）半结构化深度访谈。2014—2017年期间，研究团队陆续对31位艺术家（其中部分人员也是新创艺术机构组织合伙人或创建人）分三阶段进行深度访谈，其中部分人员涉及多次访谈。每次访谈控制在1.5～3个小时，并及时将录音资料整理成文本。访谈录音是本研究进行fsQCA前期编码工作的重要数据来源；（2）企业网站。企业新闻对涉及的艺术家进行相关各类信息的收集起到辅助作用。

数据收集和编码小组的3人（分别标识为a、b、c，其中a为本研究作者）分别对各自所负责的研究对象进行独立编码（见表4-14），同时确保至少2人对研究对象进行数据资料的编码，并开展交叉验证。

表4-14 数据收集和编码成员研究对象分配表

序号	艺术家	成员	序号	艺术家	成员	序号	艺术家	成员
1	李**	a，b	2	罗*	a，b	3	李**	a，b
4	孙**	a，b，c	5	曾**	a，b，c	6	任**	a，b
7	曾*	a，b	8	陈*	a，c	9	唐*	a，b
10	戴*	a，b，c	11	番*	a，c	12	谭*	a，b，c
13	范**	a，c	14	蒋*	a，b	15	方*	a，c
16	何**	a，c	17	金**	a，b，c	18	刘*	a，b
19	李*	a，b，c	20	林*	a，b，c	21	冯**	a，b
22	刘**	a，b，c	23	谢**	a，b	24	王**	a，b
25	刘**	a，b，c	26	吕**	a，b	27	刘**	a，b，c
28	刘*	a，c	29	桑*	a，c	30	龙*	a，c
31	罗*	a，c						

具体编码过程如下：（1）依据数据资料来源的顺序将所有与变量有关的文字描述都陈列在excel表格当中（见表4-15）；（2）对收集的资料进行首次的整理与校对；（3）将每个变量的各数据来源中所整理出来的初始文字的核心内容进行提炼；（4）对提炼部分进行交叉核对；（5）和变量赋值标准比对确定具体的集合从数值。现以李**为例，对每个变量的具体赋值处理过程加以阐述，见表4-16。

表4-15　数据编码初始条目

条目名称	具体说明
序号	阿拉伯数字
艺术家名称	全名
从业年限	年长
协会身份	协会会员的具体情况
作品特征	作品派系
聚焦门类	主要从事艺术门类
作品获奖情况	具体获奖名称
代表作品	具体作品名称
主要网络关系类型	①情感关系；②市场关系；③层级关系；④相关关系
网络关系类型中的关键实体	朋友和家庭为1；商业的个体为2；机构和其他个体为3；雇主为4；合伙人为5；合作者和竞争者为6；机构或是商业机构为7；监管机构为8
近3年满意的新创作品	具体数量
满意作品中涉及的关键实体	朋友和家庭为1；商业的个体为2；机构和其他个体为3；雇主为4；合伙人为5；合作者和竞争者为6；机构或是商业机构为7；监管机构为8
学术能力	所有涉及学术领域并与不同层次的参考对象比较等文字说明
市场能力	所有涉及市场领域并在不同的艺术品交易平台被认可的程度

表4-16　李**案例编码举例

变量	赋值
个体角色网络关系行为	0.67（后期依据fsQCA2.5软件的“Calibrate”程序运算得到具体的集合赋值）
编码依据	根据艺术家艺术生涯三件关键作品的创作与成交涉及的个体类关键关系实体。1情感关系（亲戚、朋友关系），3市场关系（收藏者、爱好者、艺术机构组织），2层级关系（雇主、同事），1相关关系（艺术监管机构等）

续表

变量	赋值
组织角色网络关系行为	0.67（后期依据fsQCA2.5软件的“Calibrate”程序运算得到具体的集合赋值）
编码依据	根据艺术家艺术生涯三件关键作品的创作与成交涉及的组织类关键关系实体。0情感关系（合伙人），3市场关系（合作者和竞争者），1个层级关系（雇主、同事），1相关关系（艺术监管机构等）
多样性	0.67
编码依据（一）	依据艺术家所处艺术发展圈层网络中的网络规模、所接触的关键实体总数等依据公式（1）计算得到数值为0.461538462
编码依据（二）	李**艺术家属于书法的相对比较复杂的创作技巧，风格多样化
强度	8.279184485
编码依据	依据艺术家近三年（2014—2016年）满意的新创作品涉及的艺术家与关键实体共同参与的事件中关键实体总数量等依据公式（2）计算得到数值8.279184485
学术能力	0.33
二次整理	✓中国书法家协会会员、成都市书法家协会副秘书长、四川长江画院副院长、四川国兰诗书画院常务副院长。 ✓从师著名书法艺术家白允叔，书法基本功底深厚，并于1987年21岁时以“书法艺术突出人才”身份引入成都市青少年宫，作为专业的书法教师从事书法教育工作。 ✓在作品创新创作方面具有创新性思维，打破传统的书法与唐诗宋词结合的管理，将现代诗词、文学作品与书法相结合，并形成独特的李**氏书法
编码依据	获得协会会员身份、工艺基本功和创作能力
市场能力	0.67
二次整理	多次参与重量级的画展以及举办个展，其参展作品被各界人士全部收藏，比如2006年参加四川省收藏家协会主办“高端收藏画展”，在全国引起轰动，其参展艺术家均为国内一流大师，如百岁画仙晏济元、北京画院李行百等人；2009年，第19届中国（温江）兰花博览会文化展举办个人专场拍卖，所有参展拍卖的作品均以高出起拍价被各界人士收藏；2008年，举办个人书法作品展，由成都市文联、市书协主办，开幕式当天展出作品被各界人士全部收藏
编码依据	在市场上被收藏家、艺术机构组织的认可度

对31个案例艺术家进行编码后，得到的数据如表4-17所示。

表4-17　研究对象编码数值表

序号	姓名	个体角色网络关系行为	组织角色网络关系行为	多样性	强度	学术能力	市场能力
1	李**	0.67	0.67	0.67	8.279184485	0.33	0.67
2	罗*	0.67	0.67	0.67	8.463363575	0.33	0.67
3	李**	0.67	1	0.33	7.220996524	0.67	0.67
4	孙**	1	0.67	0.33	7.937181037	0.67	0.67
5	曾**	0.67	0.67	0.33	13.92730334	0.67	0.33
6	任**	0.67	1	1	8.275806244	0.33	1
7	曾*	0.67	1	0.33	12.49662679	0.67	0.33
8	陈*	0.67	0.67	0	6.513039650	0.67	0.67
9	唐*	0.33	0.33	0.67	5.807414373	0.33	0.33
10	戴*	0.67	0.67	0.67	8.463363575	0.67	0.67
11	番*	0.67	0.67	0.33	7.220996524	0.67	0.67
12	谭*	0.33	0.33	0.33	8.279184485	0.33	0.33
13	范**	0.67	0.67	0.67	8.275806244	0.33	0.67
14	蒋*	0.67	1	1	8.133605136	0.33	0.67
15	方*	0.33	0	0.33	12.49662679	0	0.33
16	何**	0.67	1	0.33	5.807414373	0.67	0.67
17	金**	1	0.67	0.67	11.39646084	0.67	0.67
18	刘*	0.33	0	0.33	10.83566274	0.33	0.33
19	李*	0.33	0.33	0.67	8.199354110	0	0.33
20	林*	1	0.67	0.67	12.49662679	0.67	1
21	冯**	0.67	1	0	11.39646084	0.67	0.33
22	刘**	0.33	0.33	0.67	14.98211306	0.33	0

续表

序号	姓名	个体角色网络关系行为	组织角色网络关系行为	多样性	强度	学术能力	市场能力
23	谢**	1	0.67	0.33	8.199354110	0.67	0.67
24	王**	0.67	1	0.33	12.49662679	0.33	0.33
25	刘**	0.67	0.67	0.33	7.903317647	0.67	0.33
26	吕**	1	0.67	0	14.98211306	0.67	0
27	刘**	0.33	0.33	0	8.133605136	0.33	0
28	刘 *	0.33	0	0.33	10.83566274	0.33	0.33
29	桑 *	0.67	0.67	0.33	13.92730334	0.67	0.67
30	龙 *	1	0.67	0.67	10.83566274	0.67	0.67
31	罗 *	0.67	1	0.67	7.937181037	0.67	0.67

（二）数据处理

本研究数据处理主要采用的是Charles C. Ragin开发的fsQCA2.5软件操作。首先将案例名称、条件变量名称和结果变量名称在软件中对应设置，下一步将编码所获得的数据整体导入或者复制在设置好的界面中。开始构建真值表（truth table），它是“Quine-McCluskey algorithm”运算得出的后续结果路径和结果讨论基本依据。接下来按照软件操作步骤进行操作，主要涉及七个关键步骤：第一步，将连续值转换成集合从属值，构建初始表格，并采用fsQCA中的“Calibrate”功能，本研究基于表4-3、表4-5和表4-10角色转换的个体角色网络关系行为、组织角色网络关系行为和网络关系强度三个连续值设定的threshold，采用了“Calibrate”运算功能将三个变量首先转换成对应的集合从属值，构建初始表格。第二步，进行必要条件分析，通过软件中的“必要条件分析”运算确定模型中的自变量均属于结果变量的子集（consistency值小于1），否则需要删除非必要条件的变量。第三步，进行“Fuzzy Truth Table Algorithm”分析运算。第四步，设置样本频次门槛值。根据属于某个条件组合的案例数的数量来判定该条件组合是结果的原因模式，具体确定频次值可基于实际设定。由于本研究案例研究数量不多，且非常熟悉，因此，选取的频率值为“1”。第五步，进行一致性值设定。一致性代表该条件组合在多大程度时能解释结果（Byrne 和 Ragin，2009），一般要求最低为0.75。鉴于此，本研究对能力提升运行结果中高于0.80的一致性值的组合结果设置为1，低于此的一致性值的组合结果设置为0。第六步，进行结果路径分析。所得结果包含三种，一是复杂路径结果，二是中间结果，三是最简洁路径结果。其中同时存在复杂结果和最简洁结果中的条件属于核心条件，存在复杂结果而不存在最简洁结果中的条件为次要条件（Fiss，2011）。当处理过程中选择所有的条件变量出现与否都与结果变量无必然相关的情况下，最复杂路径与中间路径是完全一样的，因此在统计分析结果时只对复杂路径和最简洁路径进行汇报。第七步，根据结果，结合案例进行进一步的分析与讨论。

第二节　统计分析结果

本章节围绕角色转换中的运用个体与组织角色网络关系行为和网络关系再造中网络关系多样性、强度属性对学术、市场能力提升的路径以及影响关系这一核心问题，通过fsQCA对31个样本艺术家样本进行运算，在第三章的基础上，通过定量的方式来检验取得高学术能力与高市场能力的角色转换和网络关系再造的架构类型，从而深入阐述核心问题。因此，本节将分别对取得高学术能力与市场能力进行fsQCA运算分析。

构型的关键特征通过核心条件与边缘条件进行区别。核心条件是根本的，是不可缺少的，反之边缘条件是非必要条件。参考Byrne 和 Ragin（2009）和Fiss（2011）的研究结果展现形式，采用实心圆代表条件存在，空心圆代表条件缺乏，核心条件和边缘条件通过圆圈的大小进行区分，其中大圆表示核心条件，小圆表示边缘条件，空白表示条件可有可无。符号表达为："●"代表核心条件的存在，"●"代表边缘条件存在，"⊗"代表核心条件缺乏，"⊗"代表边缘条件缺乏。

一、学术能力统计分析

对"学术能力"进行必要条件检验，结果见表4-18。

由于所有被检验条件的coverage值均小于1，说明运用个体角色网络关系行为、组织角色网络关系行为、网络关系再造的多样性以及网络关系再造的强度均为获取高学术能力的条件变量，不予删除，进而构建真值表进行"Quine-McCluskey algorithm"运算得出最后的结果。以"学术能力"为结果变量，其具体结果见表4-19和表4-20（检验结果显示复杂路径与中间路径结果一致，故取复杂路径）。

表4-18 以"学术能力"为结果变量进行必要条件分析

Analysis of Necessary Conditions Outcome variable：perf		
Conditions tested：	Consistency	Coverage
1	0.979401	0.770250
~1	0.473783	0.714017
2	0.979401	0.757971
~2	0.411985	0.640777
3	0.599875	0.686919
~3	0.853308	0.803645
4	0.809613	0.795218
~4	0.705368	0.769231

表4-19　以“学术能力”为结果变量的复杂路径结果

Model：perf=x(1，2，3，4) Algorithm：Quine-McCluskey			
COMPLEX SOLUTION frequency cutoff：3.000000 consistency cutoff：0.965661			
	raw coverage	unique coverage	consistency
	—	—	—
1*2*~3	0.832709	0.169788	0.975860
1*2*4	0.789014	0.126092	0.974557
solution coverage：0.958802			
solution consistency：0.978967			

表4-20　以“学术能力”为结果变量的简洁路径结果

Model：perf=x(1，2，3，4) Algorithm：Quine-McCluskey			
PARSIMONIOUS SOLUTION frequency cutoff：3.000000 consistency cutoff：0.965661			
	raw coverage	unique coverage	consistency
	—	—	—
1*~3	0.853308	0.169788	0.932469
1*4	0.809613	0.126092	0.929083
solution coverage：0.979401			
solution consistency：0.922399			

依据对取得高学术能力“x”的复杂路径和简洁路径分析，确立了不同构架类型中取得高学术能力的核心条件和边缘条件，详见表4-21。

表4-21 取得高学术能力的构架类型

条件	路径	
	1	2
个体角色网络关系行为	●	●
组织角色网络关系行为	•	•
网络关系多样性	⊗	
网络关系强度		•
Consistency	0.975860	0.974557
Raw coverage	0.832709	0.789014
Unique coverage	0.169788	0.126092
Overall solution consistency	0.958802	
Overall solution coverage	0.978967	

二、市场能力统计分析

对“市场能力”进行必要条件检验，结果见表4-22。

由于所有被检验条件的coverage值均小于1，说明个体角色网络关系行为、织角色网络关系行为、网络关系再造的多样性以及网络关系再造的强度均为获取高市场能力的条件变量，不予删除。进而构建真值表进行“Quine-McCluskey algorithm”运算得出最后的结果。以“市场能力”为结果变量，其具体结果见表4-23和表4-24（检验结果显示复杂路径与中间路径结果一致，故取复杂路径）。

表4-22　以“市场能力”为结果变量进行必要条件分析

Analysis of Necessary Conditions Outcome variable：perf		
Conditions tested：	Consistency	Coverage
1	0.979401	0.770250
~1	0.473783	0.714017
2	0.938202	0.726087
~2	0.391386	0.608738
3	0.768415	0.879914
~3	0.705368	0.664315
4	0.661673	0.649908
~4	0.791511	0.863172

表4-23　以“市场能力”为结果变量的复杂路径结果

Model：perf=y(1，2，3，4) Algorithm：Quine-McCluskey			
COMPLEX SOLUTION frequency cutoff：3.000000 consistency cutoff：0.906955			
	raw coverage	unique coverage	consistency
	—	—	—
1*2*~4	0.770911	0.210986	0.925787
1*2*3	0.706617	0.146692	0.971674
solution coverage：0.917603			
solution consistency：0.936903			

表4-24 以“市场能力”为结果变量的简洁路径结果

Model：perf=y(1，2，3，4) Algorithm：Quine-McCluskey			
PARSIMONIOUS SOLUTION frequency cutoff：3.000000 consistency cutoff：0.906955			
	raw coverage	unique coverage	consistency
	—	—	—
2*~4	0.770911	0.210986	0.925787
2*3	0.727216	0.167291	0.946385
solution coverage：0.938202			
solution consistency：0.919266			

依据对取得高市场能力“y”的复杂路径和最简洁路径分析，确定了取得高市场能力的不同架构类型中的核心条件和边缘条件，具体见表4-25。

表4-25 取得高市场能力的构架类型

条件	路径	
	1	2
个体角色网络关系行为	●	●
组织角色网络关系行为	⬤	⬤
网络关系多样性		●
网络关系强度	⊗	
Consistency	0.925787	0.971674
Raw coverage	0.925787	0.971674
Unique coverage	0.770911	0.706617
Overall solution consistency	0.936903	
Overall solution coverage	0.917603	

第三节　发现与讨论

本研究采用Fiss（2011）等对结构的表现方式，用“●”来表示条件的出现，用“⊗”表示条件的缺少，大圆表示核心条件，小圆表示边缘条件，空白处表示该条件是否出现对结果并没有产生影响，相同的核心条件表示一组解决方案。通过对实现高学术能力和高市场能力下具体路径的分析得出角色转换中个体与组织角色网络关系行为和网络关系再造中网络关系多样性、强度属性的不同路径以及影响关系。

一、高学术能力结果分析

通过对31个样本艺术家的fsQCA运算得到的结果显示，总体解决方案的一致性值为0.958802（≥0.8），表示对于取得高学术能力有两种不同的架构，即在不同的路径下同样能够取得好的学术提升，同时在每条路径中剔除了无关的条件变量，这既可以印证构架视角下的“殊途同归性”，又可以印证fsQCA方法解决构架问题的适应性。综合表4-21和表4-26可见，在两条能够取得高学术能力提升的路径中，角色转换中的个体角色网络关系行为是最核心的条件，即想要取得好的学术能力提升，务必要保证结合组织角色网络关系行为，获得与组织所黏附的广泛网络关系，并有与这些网络关系能够进行深度交互的机会，进而弥补自身的不足，也能使自身的学术能力得到提升，从而创造更具价值的作品。

表4-26 不同类型艺术家的有效网络关系适应行为（学术能力提升）

艺术家	网络关系再造		角色转换中有效的网络关系适应行为
类型1	网络关系多样性	还未建立大范围的网络关系网	重点是与个体、组织中的关键网络关系实体的网络关系进行交互，产生的交易保证接触到更广泛的网络关系，进而建立深度的互动从而带来更多的机会和资源，同时保证合作伙伴带来更多交易的形成
	网络关系强度	与建立的网络关系进行深度互动	
类型2	网络关系多样性	还未建立大范围的网络关系网	重点是与关键网络关系实体的网络关系建立深度互动，产生交易的保证促进其他网络关系的连接，并建立深度的互动从而带来更多的机会和资源，同时保证合作伙伴带来更多交易的形成
	网络关系强度	还未建立网络关系深度互动	

路径1（见图4-1）显示在缺乏网络关系多样性环境下，角色转换中具有核心条件高个体角色网络关系行为和具有边缘条件组织角色网络关系的个体可以有高的学术能力提升。在这一种情况下，无论新创企业关键主体艺术家的网络关系强度如何，当艺术家自身网络关系多样性缺乏时，在角色转换的配置上，同样重点需要与组织所形成的网络关系中的关键实体进行交互，获得高质量的个人网络关系，同时保证与关键实体的网络关系的交互，进而形成交易，来确保组织角色网络关系行为带来广泛的网络关系。具体而言，当艺术家自身的网络关系再造中的网络关系多样性较低，即在网络关系累计水平较差的情况下，艺术家重点要通过个体角色网络关系行为和组织角色网络关系行为两者中涉及的关键网络关系实体进行深度交互，产生交易，保证其接触到更广泛的网络关系，进而建立深度的互动从而带来更多的机会和资源，同时保证合作伙伴带来更多创作水平的提升和交易的形成。比如艺术家还处于刚出道时期，正处于学术能力和市场能力高度提升的阶段，其主要依托自身网络关系，他的老师成为其关键的核心网络关系实体，因此他需要深度地与老师互动，以及间接与老师的网络关系获得连接并建立互动，从而扩散网络关系并形成互动进而获得资源、机会。

路径2（见图4-2）显示角色转换中具有核心条件高个体角色网络关系行为，同时具有边缘条件网络关系强度和边缘的组织角色网络关系行为的个体具有高的学术能力提升。在这一情况下，新创企业关键主体艺术家聚焦于自身的角色转换，使得网络关系强度能更有利于艺术家艺术品的交易。在角色转换上，重点是通过个体角色网络关系行为和组织角色网络关系行为与网络关系建立深度互动，获得艺术品在学术上被提点的机会和促进交易的形成，同时保证从不同角色网络关系行为中建立的网络关系能实现更深度地交互，进而促进学术的提升。具体而言，当艺术家自身的网络关系建立了较强的关系强度情况时，要不断地扫描外部网络关系所带来的信息、机会，对网络关系的范围要求更广泛，因此需要通过艺术家构建更广泛的网络关系的有效角色转换行为，而有效的角色转换行为更能保证艺术家接触到更广泛的网络关系，以及进行深度的互动，更好地创造提升学术能力的资源、机会。

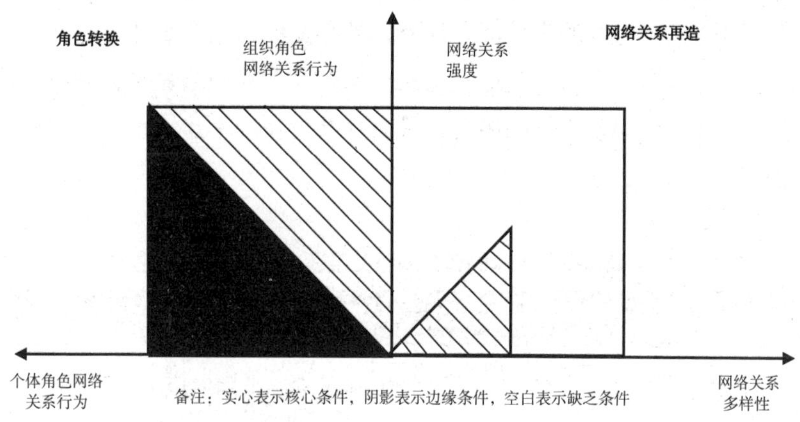

图4-1 （学术能力提升）角色转换和网络关系再造构成的路径1

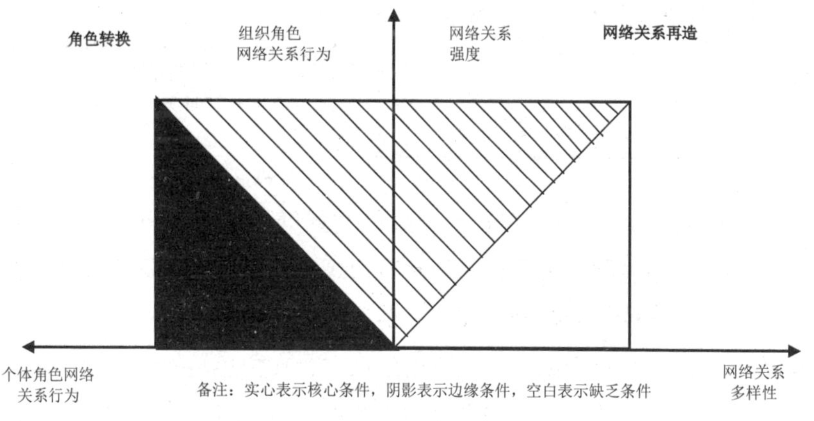

图4-2 （学术能力提升）角色转换和网络关系再造构成的路径2

二、高市场能力结果分析

通过对31个样本艺术家的fsQCA运算得到的结果显示，总体解决方案的一致性值为0.936903（≥0.8），表示对于取得高市场能力有两种不同的架构，即在不同的路径下同样能够取得好的市场提升，同时在每条路径中剔除了无关的条件变量，这既可以印证构架视角下的“殊途同归性”，又可以印证fsQCA方法解决构架问题的适应性。综合表4-24和表4-27可见，在两条能够取得市场能力提升的路径中，角色转换中的组织角色网络关系行为是最核心的变量，即要想取得好的市场能力提升，务必要保证结合个体角色网络关系行为，获得与个体所黏附的关键且已建立深度互动的网络关系，并有与这些网络关系能够进行深度交互的机会，进而弥补自身的不足，也能使自身被市场更加认可。

表4-27　不同类型艺术家的有效网络关系适应行为（市场能力提升）

艺术家	网络关系再造		角色转换中有效的网络关系适应行为
类型1	网络关系多样性	建立大范围的网络关系网	重点是需要频繁扫描已有网络关系环境获得关键网络关系实体并进行深度互动，保证接触到更广泛的网络关系
	网络关系强度	还未与网络关系进行深度互动	
类型2	网络关系多样性	还未建立大范围的网络关系网	重点是需要频繁扫描已有网络关系环境建立更广泛的网络关系，进而实现关键网络关系实体并建立深度互动
	网络关系强度	还未建立网络关系形成深度互动	

路径1（见图4-3）显示在缺乏网络关系强度环境下，角色转换中具有核心条件高组织角色网络关系行为和具有边缘条件个体角色网络关系行为的个体可以有高的市场能力提升。在这一情况下，无论艺术家网络关系多样性如何配置，当艺术家自身网络关系强度较低时，在角色转换配置上，重点是需要通过个体和组织角色网络关系行为与关键网络关系实体互动建立广泛的网络关系网，获得广泛网络关系，同时保证与网络实体关系的建立互动关

系，获得高的互动及保持高个体角色网络关系行为。具体而言，当作为企业关键主体的艺术家与网络关系建立的强度较低，即与网络关系互动较差的情况下，艺术家重点要与个体、组织中的关键网络关系实体进行深度的互动，进而形成交易，同时要保证通过交易的关键网络关系能带来异质性的网络关系，进而建立广泛、多元的网络关系。

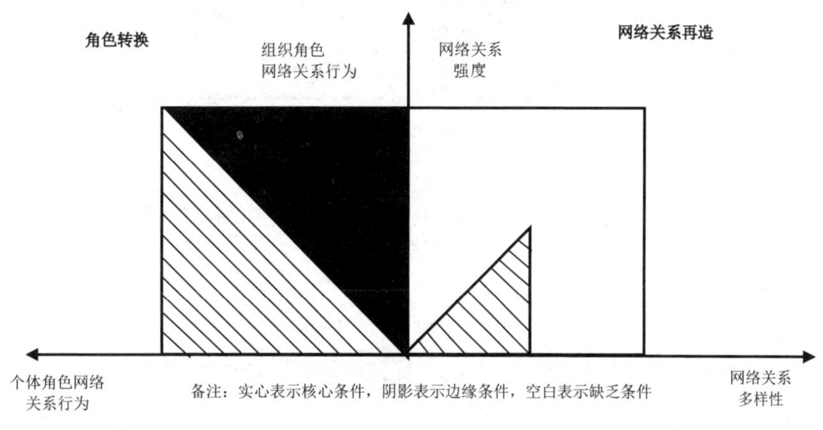

图4-3 （市场能力提升）角色转换和网络关系再造构成的路径1

路径2（见图4-4）显示角色转换中具有核心条件高组织角色网络关系行为，同时具有边缘条件网络关系多样性和边缘个体角色网络关系行为的个体具有高的市场能力提升。在这一情况下，企业关键主体的艺术家聚焦于拓展自身网络关系多样性，使得网络关系多样性可以覆盖自身艺术品进入所属市场的网络关系网。在角色转换上，重点是通过个体角色网络关系行为和组织角色网络关系行为构建更广泛的网络关系，挖掘艺术品进入市场的渠道，同时保证从不同角色网络关系行为中建立网络关系进行深度互动，促进市场能力的提升。具体而言，当网络关系多样性比较高的情况下，需要频繁扫描已有网络关系环境获得关键网络关系实体，对这些关键网络关系的互动程度需要加深，因而需要创建个体角色网络关系行为更高的角色转换，而高组织角色网络关系行为的角色转换更能保证艺术家接触到更广泛的网络关系，进而提供选择可进行深度互动的网络关系。

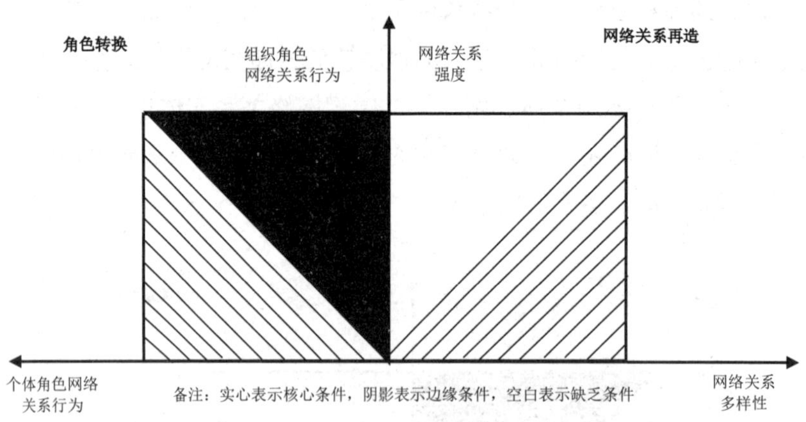

图4-4 （市场能力提升）角色转换和网络关系再造构成的路径2

三、学术与市场双元能力的影响关系分析

结合（学术能力提升）角色转换和网络关系再造的路径1和路径2可见，在新创企业关键主体艺术家网络关系再造过程中边缘网络关系强度相同情景下，在角色转换中艺术家最好选择个体角色网络关系行为为核心条件和边缘组织角色网络关系行为的网络关系适应行为；而当新创企业关键主体艺术家网络关系再造过程中缺乏网络关系多样性时，在角色转换中，同样需要艺术家选择高个体角色网络关系行为和边缘组织角色网络关系行为的网络关系适应行为。学术能力提升过程中对于不同类型的企业关键主体的艺术家，具体的角色转换中的网络关系适应行为如表4-26所示。

结合（市场能力提升）角色转换和网络关系再造的路径1和路径2可见，在新创企业关键主体艺术家网络关系再造时的边缘网络关系多样性情景下，在角色转换过程中艺术家最好选择边缘个体角色网络关系行为和高组织网络关系行为的网络关系适应行为；而在新创企业关键主体艺术家网络关系再造中缺乏网络关系强度，在角色转换过程中，同样需要艺术家选择边缘个体角色网络关系行为和高组织角色网络关系行为的网络关系适应行为。市场提升过程中对于不同类型的企业关键主体的艺术家，具体的角色转换行为如表4–27所示。

综合学术与市场提升中艺术家的有效角色转换行为，本研究表明企业关键主体实现双高能力提升时，角色转换行为既需要高个体角色网络关系行为，也需要高组织角色网络关系行为。因而，作为新创企业关键主体需要同时运用个体角色网络关系行为和组织角色网络关系行为，二者具有冲突性。同时也是网络关系背景下作为网络关系适应行为中一组冲突行为。通过悖论与双元性的理论视角，组织中关键行为主体艺术家需要构建个体角色网络关系行为与组织角色网络关系行为的动态均衡，实现个体学术与市场能力的提升，进而推动企业良性发展。过往研究指出高层管理者同时在高层管理团队中的角色和整个团队中的角色形成的双元角色对组织处理战略管理中的冲突问题发挥了极其重要的作用（Smith 和 Tushman，2005），双元角色的存在同时影响组织在适应环境过程中的长短期绩效（Kaya 和 Banerjee，2015）；有学者研究提出在网络媒体使用中，SNS的用户拥有双元性的角色——消费者和供应商，即他们既可以购买物品，同时也可以销售物品，因此双元角色的存在对传统流行时装市场和管理模式有很大的冲击（Purwanegara 和 Garnida，2015）。一系列的研究表明通过双元角色能够获得多元化的网络关系，增强异质性资源、信息的获得，进而推动组织在适应动态环境过程中其能力的提升。这些结论说明，新创企业一方面需要不同角色形式所带来的多样化网络关系，另一方面需要增加互动，增强关系的深度。但是这些研究忽略了网络关系再造（网络关系多样性和强度）的配置，由于需要投入不同类型的资源，通过投入不同的角色形式将对组织能力产生影响。所以新创企业关键主体需要在个体角色网络关系行为和组织角色网络关系行为之间作出一定的权衡，使不同角色网络关系行为变得更加有效。本研究通过网络关系适应行为即个体、组织角色网络关系行为和网络关系多样性、强度来刻画角色转换和网络关系再造，探索了不同角色网络关系行为和关系再造的有效关系组态。本研究得出在艺术行业中作为新创企业关键主体的艺术家在获得学术与市场提升的过程中，通过网络关系适应行为即个体与组织角色网络关系行为的互动形成悖论循环，并调整网络关系多样性和强度，进而实现其学术能力与市场能力（双高能力）提升。

参考文献

[1] 南寅.略谈“风格是评价艺术家的标准，而风格的好坏是才是王道”[J].艺术时尚(下旬刊)，2014，(9)：68–68.

[2] 潘松挺，蔡宁.企业创新网络中关系强度的测量研究[J].中国软科学，2010，(5)：108–115.

[3] 徐昌成.成员合作关系的多样性与网络结构对知识创造的影响研究[D].武汉：华中科技大学，2011.

[4] 宗白华.美学散步[M].上海：上海人民出版社，1981.

[5] Adamic L A，Adar E. Friends and neighbors on the web[J]. *Social Networks*，2003，25(3)：211–230.

[6] Ahuja G，Soda G，Zaheer A. The genesis and dynamics of organizational networks[J]. *Organization Science*，2012，23(2)：434–448.

[7] Alexander V D，Bowler A E. Art at the crossroads：the arts in society and the sociology of art[J]. *Poetics*，2014，43 (1)：1–19.

[8] Beckert J，Rössel J. The price of art：uncertainty and reputation in the art field[J]. *European Societies*，2013，15(2)：178–195.

[9] Burt R S. *Structural holes*：*The social structure of competition*[M]. Boston：Harvard University Press，2009.

[10] Byrne D，Ragin C C. *The Sage handbook of case-based methods*[M]. United Kingdom，Sage Publications，2009.

[11] Dalpiaz E，Rindova V，Ravasi D. Combining logics to transform organizational agency：Blending industry and art at Alessi[J]. *Administrative Science Quarterly*，2016，61(3)：347–392.

[12] Eisenhardt K M. Building theories from case study research[J]. *Academy of Management Review*, 1989, 14(4): 532–550.

[13] Fiss P C. Building better causal theories: a fuzzy set approach to typologies in organization research[J]. *Academy of Management Journal*,2011, 54(2): 393–420.

[14] Granovetter M. Economic action and social structure: the problem of embeddedness [J]. *American Journal of Sociology*, 1985, 91(3): 481–510.

[15] Granovetter M. The strength of weak ties[J]. *American Journal of Sociology*, 1973, 78(6): 1360–1380.

[16] Gulati R, Sytch M, Tatarynowicz A. The rise and fall of small worlds: exploring the dynamics of social structure[J]. *Organization Science*, 2012, 23(2): 449–471.

[17] Gupte M, Eliassi–Rad T. *Measuring tie strength in implicit social networks*[C]. Proceedings of the 4th Annual ACM Web Science Conference. ACM, 2012.

[18] Jack S L. The role, use and activation of strong and weak network ties: a qualitative analysis[J]. *Journal of Management Studies*, 2005, 42(6): 1233–1259.

[19] Kaya H, Banerjee G. The short–term and long–term impacts of Sarbanes–Oxley Act on composition and characteristics of corporate board of directors[J]. *International Journal of Financial Management*, 2015, 5(4): 9 –17.

[20] Knoben J, Oerlemans L A G, Rutten R. Radical changes in inter–organizational network structures: the longitudinal gap[J]. *Technological Forecasting and Social Change*,2006, 73(4): 390–404.

[21] Mariotti F, Delbridge R. Overcoming network overload and redundancy in interorganizational networks: the roles of potential and latent ties[J]. *Organization Science*, 2012, 23(2): 511–528.

[22] Methot J R, Lepine J A, Podsakoff N P, et al. 2016. Are workplace friendships a mixed blessing? Exploring tradeoffs of multiplex relationships and their associations with job performance[J]. *Personnel Psychology*,2016, 69(2): 311–355.

[23] Miller D J, Fern M J, Cardinal L B. The use of knowledge for technological innovation within diversified firms[J]. *Academy of Management*

journal, 2007, 50(2): 307–325.

[24] O'Reilly C A, Tushman M L. Organizational ambidexterity: past, present, and future[J]. *The Academy of Management Perspectives*, 2013, 27(4): 324–338.

[25] Purwanegara M S, Garnida N. 2015. *An overview of social network activity in jkarta for promoting fashion brand* [C]. Global Fashion Management Conference at Florence.2005.

[26] Powell W W, White D R, Koput K W, et al. Network dynamics and field evolution: The growth of Interorganizational collaboration in the life sciences[J]. *American Journal of Sociology*, 2005, 110(4): 1132–1205.

[27] Raesfeld A V, Geurts P, Jansen M. When is a network a nexus for innovation? A study of public nanotechnology Rand projects in the Netherlands[J]. *Industrial Marketing Management*, 2012, 41(5): 752–758.

[28] Shipilov A, Gulati R, Kilduff M, et al. Relational pluralism within and between organizations[J]. *Academy of Management Journal*, 2014, 57(2): 449–459.

[29] Shipilov A, Li S. *Toward a strategic multiplexity perspective on interfirm networks*[M]. Emerald Group Publishing Limited, 2014.

[30] Simsek Z. Organizational ambidexterity: towards a multilevel understanding[J]. *Journal of Management Studies*, 2009, 46(4): 597–624.

[31] Smith W K, Lewis M W. Toward a theory of paradox: adynamic equilibrium model of organizing[J]. *Academy of Management Review*,2011, 36(2): 381–403.

[32] Smith W K, Tushman M L. Managing strategic contradictions: a top management model for managing innovation streams[J]. *Organization Science*, 2005, 16(5): 522–536.

[33] Xiao Y, Tylecote A, Liu J. Why not greater catch–up by Chinese firms? The impact of IPR, corporate governance and technology intensity on late–comer strategies[J]. *Research Policy*, 2013, 42(3): 749–764.

[34] Yogev T, Grund T. Network dynamics and market structure: the case of art fairs[J]. *Sociological Focus*, 2012, 45(1): 23–40.

第五章　新创企业网络关系行为与环境适应的动能整合过程

第四章探讨并检验了新创企业关键行为主体运用不同角色网络关系行为与网络关系强度、多样性属性实现能力提升的路径以及影响关系——从个体层面探讨作为悖论行为主体通过网络关系适应行为，推动新创企业关键主体实现自身以及组织提升能力的路径，进而达到适应动态环境即实现组织动态能力释放的前提条件由外至内的积累。本章将从组织层面通过新创企业网络关系行为与环境适应过程进行分析，探讨新创企业网络关系动态演化过程中组织学术与市场网络关系行为通过权变式或悖论式的响应方式影响新创企业发展的过程以及作用机理。本研究通过双案例的纵向过程研究，有助于解释新创企业基于网络关系演化路径中的网络关系行为以及响应方式如何影响其发展的过程，即新创企业动态能力释放的前提条件的积累过程。

随着外部环境日益动态化，由于新创企业受到先天的资源约束，其生存发展面临着更多的挑战，有学者基于权变与悖论理论思想分别探讨了组织实际应对动态环境过程中的作用。权变理论主要考虑了哪种条件下哪种应对方式最为合适；悖论理论强调的是让冲突的对立面同时存在，通过同时存在应对外部动态环境，并将权变理论与悖论理论作为元理论进行对比分析，指出组织应对动态环境过程中不同的响应方式对冲突的影响（Lewis 和 Smith，2014；Qiu等，2012）。网络关系嵌入日趋深入，对组织采用何种适应性行为响应外部动态环境方式也带来了影响。Saz-Carranza 等（2010）以悖论视角讨论高度嵌入在网络关系中的组织面对网络关系的强度、多元化的属性时如何实现高效的网络协作，研究从组织内外部进行分析讨论：从组织内部有效互动、培养关系和提升开放度实现拥抱多元冲突，建立统一的网络；组织外部管理创新性、多层次的工作和培养关系应对冲突，建立有效的目标。因此，在动态、多元的网络关系背景下以悖论式的响应方式给组织带来了积极的影响，提升了网络关系之间的协作，实现了组织能力的提升，进而适应外部动态环境，这是组织动态能力释放先前条件的积累及由外至内的过程。

本研究基于网络关系、权变理论和悖论理论、动态能力视角，探索艺术行业新创艺术机构组织的网络关系动态演化路径过程中，组织面临学术网络关系行为和市场网络关系行为时采用权变式或悖论式的响应方式影响组织发展，进而适应外部动态环境的过程以及内在作用机理研究，揭示了网络关系行为如何适应外部动态环境即完成新创企业动态能力释放的前提条件由外至内积累的过程，构建了“网络关系动态演化路径中权变式与悖论式响应方式影响新创企业发展的作用机理”模型以及相关命题。本研究发现在网络关系演化路径中，新创企业学术与市场网络关系冲突行为通过权变式与悖论式的响应方式对组织适应动态环境有不同的影响：首先，网络关系背景下新创企业网络关系适应行为包含学术网络关系行为和市场网络关系行为，二者具有冲突性，学术网络关系行为和市场网络关系行为之间的循环互动构建了悖论动态循环；其次，“聚焦—扩散”过程，权变式和悖论式的响应方式对新创艺术机构组织学术与市场的发展都有推动作用，具有一致性，但权变式优于悖论式；最后，“扩散—收缩”过程，权变式响应方式阻碍新创艺术机构组织学术与市场发展，悖论式响应方式推动学术与市场发展，悖论式优于权变式。换句话说，网络关系背景下新创企业不同的响应方式对其能力的获取有不同影响，但在外部环境日益动态的环境中，网络关系情境下的悖论式响应方式即同时采用学术网络关系行为和市场网络关系行为既有利于新创企业适应外部动态环境，也有利于其能力提升以及为增强组织内部活性积累更多的基础条件。

第一节　研究方法

案例研究方法常用于研究不充分的领域中所存在的有关解释性与探索性问题（Eisenhardt，1989）。本研究以案例研究方法探究新创企业在应对外部动态环境时网络关系的动态演化过程中，其面临学术与市场网络关系冲突行为时采用的权变式与悖论式的响应方式是如何影响新创企业发展以及作用机理的过程，这既是挖掘网络关系适应行为、权变式与悖论式和动态能力的理论需要，也是深入理解基于动态网络关系的网络关系背景下，网络关系适应行为与组织的能力变化以适应动态环境的一个重要的方法论。网络关系动态演化路径与不同行为实现组织发展的共演过程，需要对共同演化过程和行为中的多主体互动关系进行解释：（1）网络关系演化路径中不同的响应方式与组织发展共演过程：本研究需要讨论网络关系与能力的共演过程，涉及两个演化主体的因果关系、资源交互过程的分析。案例研究适合对过程类和机理类问题的研究（Eisenhardt，1989），同时案例研究也侧重通过详细的过程描述，对“如何”和“为什么”的问题进行解释，因此有利于揭示学术网络关系行为与市场网络关系行为即网络关系适应行为和能力共演的内在机理与过程；（2）多主体互动关系：由于采用不同的响应方式，本研究将网络关系划分为市场网络关系与学术网络关系，由此来探析不同响应方式对不同网络关系之间互动的影响。案例研究方法能够对多主体之间的复杂关系进行详尽的描述分析，以剖析隐藏在复杂现象背后的理论联系（Yin，2017）。因此，对于网络关系演化路径中，网络关系适应行为涉及学术网络关系行为与市场网络关系行为，不同的响应方式实现了组织发展的异同，由此可以通过对比案例来进行分析。本研究采用Battilan 和 Dorado（2010）有关在微金融组织中建立可持续双元组织的研究中的双案例研究方法。通过在相同的情景下对比研究两家新创案例企业在动态网络关系背景下网络关系适应行为即学术网络关系行为和市场网络关系行为通过权变式和悖论式的响应方式是如何影响新创企业发展适应外部动态环境的过程。

一、对象选择

本研究选取斯为与浓园为研究对象，主要因为两家新创企业的典型特征与本研究研究问题非常吻合，两家企业在应对动态环境中既存在共性也存在差异性。共性主要表现在：2013—2016年，两家企业有相同的网络关系演化路径；企业对艺术行业发展具有相同的认知。差异性主要表现在：（1）两家企业的发展形式存在差异：斯为主要依托签约或收藏艺术家的书画、雕塑作品从事三方交易，艺术品交易是企业主营业务；浓园以艺术为根基，实行多元化门类的发展，是集交易、收藏、教育、文化旅游等综合性的艺术机构组织。因此，二者发展形式的差异性也造成了两家企业网络关系的差异性。（2）基于网络关系路径变化，学术与市场在企业中积淀基础不同，能形成较好的比较分析。因此，两者发展形式的差异形成不同的网络关系，从而导致学术与市场在企业交互中的差异，深入分析两家企业采用不同响应方式是如何影响组织能力提升的，从而为应对动态环境提供了契机。两家企业的代表性特征描述如表5-1。

表5-1 样本企业代表性特征描述

异同	维度	样本企业	
		浓园	斯为
共性	早期行业发展情境	借助大环境优势对学术与市场进行积累	借助大环境优势成立斯为
	当前网络关系状态	黏附学术与市场的网络群体	不同高层汇集学术与市场的网络关系群体
	行业发展认知	学术与市场发展是关键	学术与市场发展是关键

续表

异同	维度	样本企业	
		浓园	斯为
差异	产品类别	多元门类艺术品交易、艺术教育、博物馆、休闲娱乐	书画类艺术品交易
	学术与市场积淀	市场与学术积淀深厚	市场与学术积淀浅显
	响应方式	悖论式	权变式

二、数据收集

本研究采用多种来源收集数据，多元化的数据来源可以促进数据之间的相互补充和交叉验证，有利于案例分析的效度（Yin，2017）。本研究数据来源包括：（1）半结构化的深度访谈。研究团队分别对浓园和斯为进行了近4年的跨时间段追踪访谈，这有助于准确捕获企业在网络关系和能力提升共演过程中的关键信息，也能够实时观察和收集到演化过程中的外部变化。每次访谈都是两人以上的研究人员，对访谈及访谈现场观察内容进行详细记录，访谈过程全程录音。对于关键受访人员，如对企业发展历程中网络关系与能力变化非常熟悉的高管或是在企业工作3年以上的中高层管理人员，研究团队会通过追加访谈的次数来强化对数据的收集。（2）企业历史档案资料，如企业年度（半年度）总结、公司档案材料、内部会议记录等。（3）现场观察以及参加企业组织的相关活动，如团队成员多次参与到企业的相关会议、展览等活动中，将观察到的信息资料进行收集汇总，成为一手资料的重要补充。（4）通过企业官网以及第三方平台进行资料收集，包括新闻报道、书籍、报刊、学术论文以及行业专业网站提供的各类档案数据。（5）与企业相关人员进行非正式访谈所获得的定性数据资料，比如在参与活动、进行企业调研以及与企业人员互动过程中，通过电话、邮件、面对面的非政治交流进行信息的收集。由此通过多源的途径增强了数据的充分性和准确性。表5-2展示了研究对象浓园与斯为所收集的材料情况。

表5-2 数据收集

<table>
<tr><th>企业</th><th>数据来源</th><th colspan="5">数据信息统计</th><th>编号</th></tr>
<tr><td rowspan="4">浓园</td><td rowspan="2">深度访谈</td><td>录音时长</td><td>录音字数</td><td>调研次数</td><td>访谈人数</td><td>受访者职位</td><td rowspan="2">N1–N13</td></tr>
<tr><td>1680分钟</td><td>23.69万字</td><td>7次</td><td>13人</td><td>董事长（2）、总经理（4）、营销总监（1）、展厅经理、分公司总监（2）、合作机构（1）、驻园艺术家6位（6）</td></tr>
<tr><td>现场活动参与</td><td colspan="5">浓园年度画展2次；图像共生画展2次；艺术家个展3次；浓园展厅观摩2次；艺术村艺术交流会2次</td><td>N14</td></tr>
<tr><td>二手资料</td><td colspan="5">浓园官网以及第三方平台资料；有关浓园的新闻报道；企业内部资料（如公司活动策划书、重大会议记录、内部杂志、宣传资料等）</td><td>N15</td></tr>
<tr><td rowspan="3">斯为</td><td>深度访谈</td><td>1120分钟</td><td>16.83万字</td><td>8次</td><td>12人</td><td>董事长（3）、总经理（3）、技术顾问（2）、展厅经理（2）、签约艺术家8位（8）</td><td>S1–S12</td></tr>
<tr><td>现场活动参与</td><td colspan="5">艺术家个展3次；年度综合展览2次；商业活动4次</td><td>S13</td></tr>
<tr><td>二手资料</td><td colspan="5">斯为官网以及第三方平台资料；有关斯为的新闻报道；企业内部资料（签约艺术家信息、宣传PPT、宣传视频、内部杂志等）</td><td>S14</td></tr>
</table>

（注：受访者职位后面括号内的数字代表访谈次数）

三、数据分析

本研究遵循现有案例研究对质性资料的分析建议（Eisenhardt，1989；Miles 和 Huberman，1994），将整个编码与分析过程划分为三个阶段：数据缩减、陈列、结论和验证。三者之间彼此依赖，迭代进行。（1）数据缩减：Miles 和 Huberman（1994）指出数据缩减是对质性文本资料的选择、聚焦、简化和转化的过程。由于本研究对两家案例企业进行多样跟踪，形成了近45万字的质性材料。在处理这些庞大的原始数据材料时，首先，进行分类压缩，按访谈顺序和次数将浓园的访谈录音标记为N1–N13，二手资料标记为N15，将斯为的访谈录音标记为S1–S12，二手资料标记为S14；其次，对各个案例、每次调研的资料进行独立编码，在编码前确定初步编码方案，在分析阶段进行不断调整（表5–3列出部分编码方案）。在具体编码过程中，根据初步编码表进行构念的识别。其中部分关键构念来自现有文献，部分关键构念可能在最初的设计研究框架中未能涉及，在整体文本分析中会给予暂时命名，然后根据现有文献和理论再对新关键构念的命名进行修正。（2）陈列是对缩减和编码后的数据进行有组织的整理。本研究将两个案例划分为两组实验，通过对比逻辑进行分析（Yin，2003）。为保证编码结果的准确性，通过研究对象的反馈和研究团队的不断探讨，进行多方分析，确保编码的正确性和一致性，最终形成编码结果。（3）结论和验证是基于数据陈列基础，本研究根据现有理论建构理论框架，不断进行“数据—关系—框架”之间的迭代，通过不同数据来源彼此印证，强化对现象解释的可复制性。

表5–3 第二子问题研究编码方案（举例）

编码类属	编码含义	编码	编码类属	编码含义	编码
通用编码（所有文本中通用的编码）	浓园资料	一手资料：N1–N13 二手资料：N15	网络关系演化路径	网络关系聚焦	NC
	斯为资料	一手资料：S1–S12 二手资料：S14		网络关系扩散	NE
	时间	T		网络关系收缩	NS
	数字记录	N	网络关系行为	市场网络关系行为	MNB
动态环境	平稳期	SE		学术网络关系行为	ANB
	震荡期	USE	响应方式	权变式	C
组织行为倾向	学术	A		悖论式	P
	市场	M	组织发展	阻碍	H
				推动	P

第二节 研究结果

当前有学者研究指出企业网络关系类型包含：情感关系、市场关系、层级关系、相关关系（Ahuja等，2012），这些类型的关系嵌入在组织的商业中。基于案例数据材料，本研究整理了在新创艺术机构组织列举的基于四种网络关系类型中所涉及的关键行为主体（见图5-1）。新创艺术机构组织发展涉及多样外部网络关系之间的协作，同时，这些关系之间呈动态转换，比如市场关系的艺术爱好者可能变成情感关系的合伙人；市场关系的企业家可能转变成相关关系的拍卖行。因此，多样化、动态的网络关系是新创企业应对动态环境过程中网络关系灵活变化的基础。有关研究指出在商业社会中艺术的价值集中在学术逻辑与市场逻辑两方面（Eikhof 和 Haunschild，2007），艺术机构组织的发展更多是考虑了艺术的商业性与艺术性两者的融合，网络关系只有在艺术价值实现与商业模式创新过程中才具有这样的承载能力，才能使艺术机构组织适应动态环境，实现新创企业的生存与发展（冷劲辉，2017）。艺术价值的释放涉及多元网络关系的嵌入，动态的网络关系与艺术价值的动态变化息息相关（李春红，2013），新创艺术机构组织只有不断地吸附新的参与者并与之互动才能促进艺术价值的释放（Alexander 和 Bowler，2014；Dalpiaz等，2016）。因此，本研究将新创艺术机构组织涉及的网络关系归类为学术网络关系与市场网络关系（见图5-2），即组织网络关系适应行为包含学术网络关系行为和市场网络关系行为。在这些不同类型的行为主体中，有些具有多重身份。比如艺术家与艺术机构组织之间是一种市场关系，但当艺术家成为艺术机构组织的合伙人时，便具有情感关系；再如政府与艺术机构组织是一种相关关系，但当政府与艺术机构组织的业务之间产生了交集，有交易的产生，此时他们之间又具有了市场关系。因此，在不同类型的网络关系中的行为主体同时可能是多重关系状态，而且这些关系同时影响学术与市场的发展。

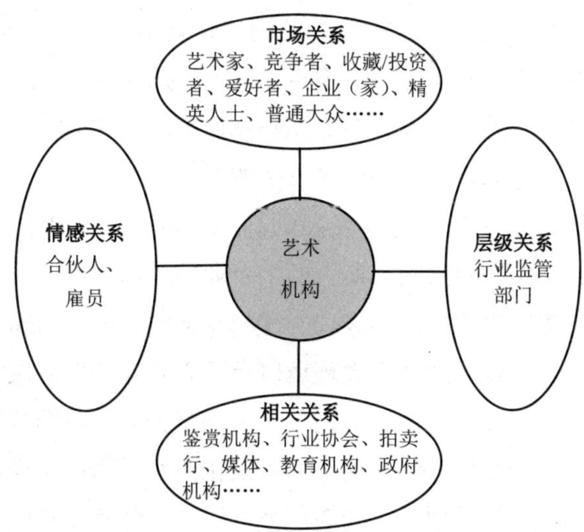

图5-1　艺术机构组织网络关系图

（资料来源：作者根据收集资料整理而得）

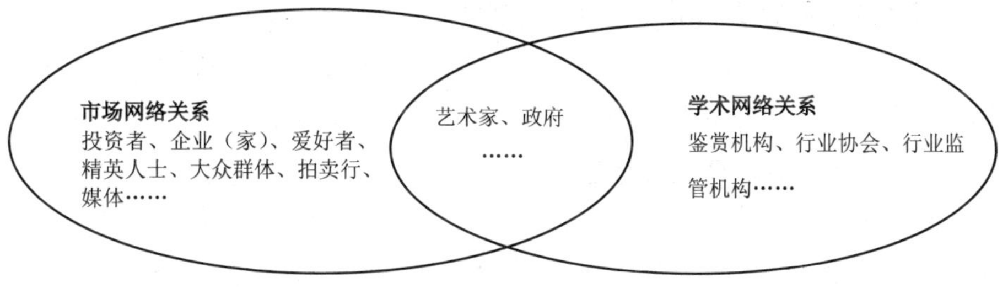

图5-2　艺术机构市场与学术网络关系图

随着中国改革开放，中国艺术品市场经过20年的发展从无到有，迅速在全球崛起，总体市场规模已经跃居世界第二。在2003—2013年，中国艺术品市场的发展呈现井喷式发展，2008年艺术品行业在市场表现逐渐进入高峰期，在2011年期间达到了市场的顶峰，成为全球最大的艺术品市场。在

2013—2016年，艺术行业的大环境出现震荡，以至于在这期间艺术行业也跟随出现震荡情况。2013—2014年，外部大环境处于平稳状态中，艺术品行业也依托之前高峰期的影响处于持续火热状态，但其增长态势已明显减缓；2015年初由于国家宏观经济、政策等的调控，艺术行业大环境处于震荡期，艺术品市场的发展也受到重挫，呈现急速降温。此时，新创艺术机构组织的发展受到前所未有的挑战，进入寒冬期。本研究的研究时间点为2013—2016年，这段时间正是艺术行业外部环境发生颠覆性转变的时期，同时研究对象浓园与斯为正是经历了艺术行业发展的高峰与低潮。本研究基于研究材料发现在2013—2016年期间浓园与斯为两个企业的外部网络关系有相同演化路径——聚焦—扩散—收缩，具体表现为2013年初期，浓园与斯为的网络关系呈聚焦状态，依托于良好的外部大环境以及随着企业的发展网络关系呈扩散状态，但随着2015年外部大环境的调整，其网络关系呈收缩状态。尽管两家企业的网络关系路径相似，但在网络关系演化路径过程中组织面临学术与市场网络关系冲突行为时采用应对动态环境响应方式却各不相同：斯为采用权变式，即仅采用学术或市场网络关系行为，浓园采用悖论式，即同时采用学术和市场网络关系行为，两家企业不同的响应方式也导致自身学术与市场发展状态的差异。因此，两家企业发展结果截然不同——浓园发展进入新的里程碑；斯为走向消亡。以下将具体分析浓园与斯为网络关系演化路径、权变式与悖论式响应方式、学术与市场发展状态。

一、浓园的分析结果

（一）网络关系聚焦

浓园成立于2005年，次年创办了艺术村。2013年该企业入驻了近百位的艺术家，其中不乏诸多著名艺术家，如程丛林、林跃等。浓园基于入驻的艺术家吸附了大量的群体，比如收藏者、艺术爱好者、教育机构等；同时，浓园自身通过各种形式吸引了大量外部网络关系群体，比如收藏者、大众群体、政府机构等，并且与这些群体之间进行互动——艺术品交易、项目合作等。因此，在此阶段浓园黏附了学术与市场相关网络关系群体，发展状态呈学术与市场共同发展。

浓园前期（2013年前）的网络关系基于学术与市场发展的需求，进行有针对性的网络关系黏附，使企业黏附的网络关系呈现聚焦状态：学术方面依赖艺术家，市场方面依赖收藏者、艺术爱好者等。基于外部大环境的良好态势，学术与市场的发展处于积极上升状态，同时学术与市场之间发展相互影响，比如浓园依托对艺术家的吸附，吸引了相关的艺术爱好者、收藏者、大众群体、艺术机构组织、政府等关系群体的关注，进而促进艺术品的交易；同时政府、收藏者等与浓园在市场方面的互动，也促进更多艺术家或有关学术的网络关系群体对浓园的关注，并产生互动，进而促进浓园学术的发展。因此，"此时浓园通过市场和学术的网络关系促进学术与市场发展，并且彼此之间是紧密联系，相互促进的。"（N1）由于浓园早期着力于艺术村的打造，希望通过艺术村对艺术家的黏附建立在行业的学术地位，因此该阶段浓园对艺术家群体具有特别的关注，学术网络关系群体更具主导地位。

（二）网络关系扩散

2013年，前艺术品行业火热的发展态势为浓园后续的发展打下了坚实的基础，浓园黏附了大量的艺术家群体，使其在行业中的学术地位逐渐凸显。与此同时，浓园在良好的外部大环境发展中并未满足于当前状态："虽然在当前大环境下发展得不错，但是我们需要壮大，突破前期为了生存发展的需求，实现浓园行业内多元化的发展。"（N3）浓园需要在行业中建立更强的行业话语权，在市场竞争中实现更多元的业务发展。由于浓园"前期的积淀使艺术与市场紧密相连，他们之间彼此推动。如果单从某一方面发展，另一方面必然会受到影响，受影响方也反作用于发展方"，（N5）因此，浓园的战略规划明确指出当前阶段需要持续地强调学术与市场的发展，进一步加强学术与市场网络关系同时发展，以及由聚焦向扩散转变对多元群体的吸附，实现企业发展的战略升级。浓园开始从多元方式进行创新：比如在网络关系聚焦阶段，浓园主要举办学术类的展览，这类活动针对性强，具有学术性，适合具有艺术功底的行业人士，对外部网络关系群体吸附具有局限性。在网络关系扩散阶段，浓园举办的活动开始变得多元化：如浓园年度展、浓园闹春展、写意丹青、图像共生以及相关的学术、商业展出等展览，这些展览既有学术性展览，也有观赏性展览，适合的对象不再局限于单一的网络关系群体，实现多元网络关系的参与。浓园在2013—2014年年平均展览30余场，这样密集的活动吸附了大量市场和学术群体，并与这些关系群体建立不同程度的互动行为。由此可见，由于这些展览针对不同门类和不同网络关系群体，浓园在市场与学术的网络关系群体均呈扩散状态。表5–4为部分展出与涉及的网络关系示例。

表5–4 浓园展览与网络关系示例

展览名称	展出性质	参与群体	吸附群体
浓园年度展	学术展出	驻园艺术家	艺术家、收藏者、爱好者、大众群体、媒体、竞争者、拍卖行
浓园闹春展	商业展出	驻园艺术家	艺术家、收藏者、爱好者、大众群体、媒体、竞争者、拍卖行、企业
写意丹青	学术与商业展出	园内与园外艺术家	艺术家、收藏者、爱好者、大众群体、媒体、竞争者、拍卖行、企业
图像共生	学术展出	本土与国际艺术家、政府	艺术家、收藏者、爱好者、大众群体、媒体、政府、海外艺术机构组织、拍卖行
艺术家个展	学术与商业展出	园内与园外艺术家	艺术家、收藏者、爱好者、大众群体
其他类型展出	学术与商业展出	艺术家、行业协会、政府	艺术家、收藏者、爱好者、大众群体、企业、媒体、政府、竞争者、拍卖行

（注：本表根据数据资料整理而得）

浓园通过网络关系扩散，黏附了更多的关系群体，并与这些多元的关系群体建立不同程度的互动。比如，大量地展出促进浓园与海外艺术机构组织、收藏者、爱好者等市场网络关系的互动，促进艺术品的交易，实现企业经济效益，推动了组织市场的发展；同时在艺术家、鉴赏机构、艺术行业机构等的学术网络关系中产生学术交流，建立互动关系，提升园区艺术家的创作能力、创造力以及浓园自身艺术品鉴赏能力、丰富浓园藏品等，同时也吸纳更多艺术家的参与或入驻浓园，与浓园建立合作伙伴关系，推动浓园内部学术的发展。由于学术和市场网络关系在该阶段的扩散，且两者关系本就存在交叉，故浓园在该阶段学术与市场之间彼此交织，彼此依赖程度增强。因此，在平稳的大环境中，浓园采用悖论式的响应方式，通过网络关系的扩散推动组织学术与市场的发展，并促进两者更深的黏附，建立广泛的网络关系，对承载更多的网络关系以及应对动态环境奠定基础。由于浓园关注市场与学术网络关系的同时发展，因此其发展并没有呈井喷式的发展态势只是呈稳步上升状态。“我们并未出现飞跃式的增长，但我们走的每一步都很稳健，一步一步地走扎实。”（N1）

（三）网络关系收缩

2015年初，国家相关政策的颁布导致艺术品行业的寒潮到来，这对艺术机构组织的发展带来了新的挑战：艺术品交易市场异常冷清，艺术家创作环境受影响。浓园的经营运作面临了现实问题：企业市场艺术品销售额急剧下降，艺术村园区运营成本持续支出。因此，维持企业的生存与发展是浓园的首要任务。

面对恶劣的外部大环境和企业生存需求，基于企业发展现状——学术与市场的发展紧密相连，浓园依旧采用学术与市场的同步发展，并没有因为短期的经济效益及财务需求去追求市场发展。企业管理层认为“艺术行业是特殊的行业，学术与市场缺一不可。当外部环境动荡时，两者的一致发展是困难重重，但只有两者共同发展才会带来正面效应”。（N9）而这样的发展目标主要通过对前期网络关系的收缩——在已建立的庞大网络关系群体中寻找特殊的网络关系群体，建立战略合作伙伴关系支撑组织的生存与可持续发展，同时避免网络关系冗余带来的管理费用问题（Mariotti 和 Delbridge，2012）。首先，基于艺术村长期的发展，使得大量艺术家聚集，浓园持续吸引新艺术家入驻，持续举办学术活动（艺术学术展、艺术家海外交换驻园等），这一系列措施确保了浓园学术的持续发展，因为“艺术家是艺术的根本，他们是艺术的源泉，如果没有他们谈何艺术，这也是艺术村存在的最大意义”。（N2）其次，浓园经过对外部黏附的网络关系群体分析与权衡，最终除艺术家、收藏者、爱好者以外仅与大众群体与政府机构建立紧密联系。这主要考虑：（1）大众群体范围广泛、传播速度快，有利于艺术爱好、收藏的培养，维护成本相对较低，而且艺术的发展决定其必须走向大众；同时从企业战略发展考虑，有利于后期业务扩张的发展，因此需要持续地吸附大众群体以及与其建立紧密的互动关系。因此浓园依赖自身行业影响力多次举办公益艺术讲座、艺术展览。比如浓园走进社区：浓园艺术家与居民面对面，根据居民的不同诉求不定期举办艺术大家与民众作品共展活动。这一系列的措施对培养大众群体艺术兴趣、提高艺术认知起到积极推动作用，也很大程度地推动了艺术的传播。“我充其量是艺术爱好者，但自己作品被展出，我非常感慨，这在以前是不敢想的，这让我们普通老百姓对艺术有了更多的认知和兴趣。”（N11）（2）由于浓园对艺术村的培育，打造了一个具有浓厚艺术氛围的场域，其具有明显的区域文化产业特色，且居于西南地区文化产业领头羊的地位，这与国家提倡的文化建设不谋而合。2015年底政府与浓园达成战略合作：政府为浓园免费提供500亩商业用地，投入10亿资金打造浓园文化旅游博览园。“政府为我们提供的资源支撑是我们一般企业无法给予的，与政府的合作对未来的发展具有重大影响。”（N1）此时政府加入所提供的物力与财力减缓了浓园生存压力。“政府的支持让我们开始考虑如何进行艺术行业的发展，如何使企业发展壮大，因为生存压力已经解决。”（N3）由此可见，大众群体为浓园市场的发展提供了前提条件，政府为浓园解决了基本生存的资金问题，为浓园对市场与学术的发展提供资金保障。因而该阶段网络关系群体的收缩使企业战胜了网络冗余与负载，挖掘了更有利于企业学术与市场发展的网络关系。由上得知，当外部环境处于动荡期时，浓园采用悖论式的响应方式，通过网络关系收缩挖掘关键的市场和学术网络关系，形成多元有效网络关系聚集，进一步推动组织发展。

综上所述，浓园面临平稳与动荡的外部环境时，网络关系发生“聚焦—扩散—收缩”的演化路径过程中，面对学术与市场网络关系冲突行为采用悖论式响应方式，该行为推动组织充分利用已存在的网络关系，不断激活更多潜在关系，释放更多的潜在能力，促进组织建立多元、有效的网络关系，进而推动组织学术与市场的共同发展。具体过程如图5-3所示，具体案例证据参照表5-5。

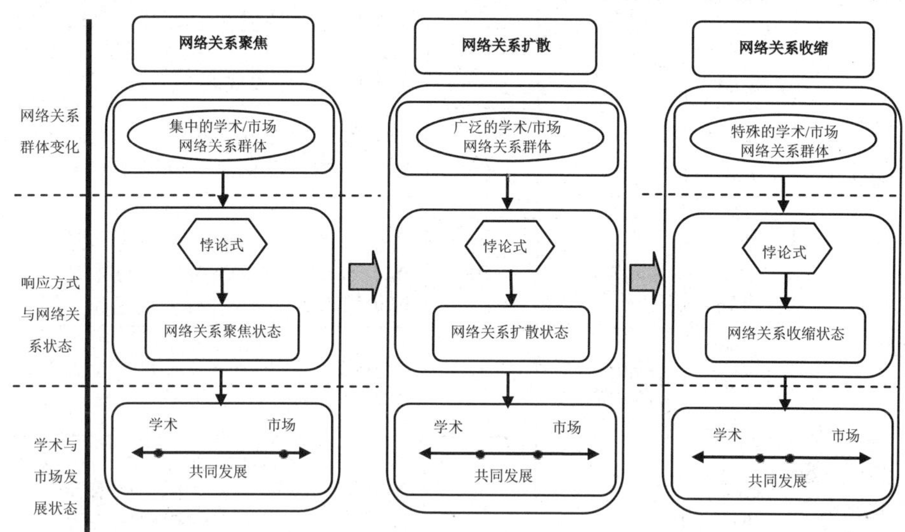

图5-3　浓园网络关系发展、响应方式和组织发展过程

表5-5　浓园网络关系发展、响应方式和组织发展过程的主要特征及证据举例

路径阶段	维度	主要构念	编码条目	典型证据示例
网络关系聚焦	网络关系发展	集中的学术/市场群体	13	当初创建艺术村其实也没有过多的想法，也没有把握，只是想既然要做这行首先要把艺术家吸引进来。（N1）
	响应方式	悖论式	18	由于前期积淀，我们必须同时发展学术与市场两个方面。（N5）
	学术与市场	共同发展	8	我们经过前些年的发展在市场和学术方面都有了一定的积淀，这为我们的后续发展做好了铺垫。（N1）

续表

路径阶段	维度	主要构念	编码条目	典型证据示例
网络关系扩展	网络关系发展	广泛学术/市场群体	10	我们需要去挖掘艺术涉及的群体，如果能调动他们的积极性，那我们企业的发展是水到渠成的。（N3）
	响应方式	悖论式	22	在这种比较好的大环境下，我们必须趁机发展自己在学术与市场的网络关系。（N1）
	学术与市场	共同发展	10	我们活动吸引的这些人，让我们在学术上有了进一步的提升，当然经济价值也得到了提升。（N2）
网络关系收缩	网络关系发展	特殊的市场/学术群体	15	浓园必须要找到一些对我们企业发展非常有帮助的组织。（N7）
	响应方式	悖论式	13	在当前不利的环境下，学术与市场之间共同的发展更能激活一些潜在……以前在市场与学术的积淀就会带活一些群体。（N2）
	学术与市场	协同发展、相互激发	10	在商业方面我们根本不用担心，已经形成氛围；我们联系的关系也在不断传播艺术的艺术性……两者之间彼此穿插、互相激活。（N3）

二、斯为的分析结果

（一）网络关系聚焦

斯为成立于2013年初，恰逢艺术行业高峰时期。基于艺术行业市场性与学术性的特殊价值属性，斯为的合伙人构成有其特殊性：企业的三位合伙人有不同的背景以及分工，第一位是专业书法艺术家，在艺术行业中具有较高知名度，任技术顾问，主要职责是对艺术作品的品质把关；第二位是从事艺术行业多年，拥有丰富的艺术行业网络关系的艺术经纪人，任运营总监，主要负责公司日常运作的管理，特别是负责与艺术家合作关系的建立、维护；第三位是知名企业家，任董事长，具有雄厚的资金实力和市场网络关系群体，指导公司的发展方向。在企业成立初期，每位合伙人都通过其特殊的背景凝聚了学术或市场相关的网络关系群体，“不同的合伙人带来了不同领域的网络关系群体，我们的发展形式呈一种互补状态”。（S1）斯为发展初期由于企业合作人的特殊构成，因此，在该阶段处于学术与市场网络关系同时发展，但又相对聚焦的状态。由于企业成立初期合伙人之间处于协调磨合期，因此各自所黏附的群体之间缺乏相互的交互以及内在黏附性，这也导致组织内部的学术与市场发展缺乏内在的黏附性。

（二）网络关系扩散

对于新创企业而言，生存是首要任务。斯为依赖良好的大环境解决生存是持续发展的基础，其生存发展主要依赖于与市场网络关系之间的互动，形成艺术品交易，实现企业的经营利益。“我们当前第一目标一定是生存，打开市场，实现更多的交易。”（S4）作为艺术机构组织的发展，学术的发展不言而喻，但由于斯为是新成立的企业，首要目标是确保生存，其必须通过交易实现市场的发展。因此，在学术与市场发展面前，斯为更倾向于选择市场的发展，但也尽可能地兼顾学术发展。对此，在该阶段，斯为采用了权变式的响应方式去应对良好的大环境。其表现是基于早期组织网络关系构成，现以扩散市场网络关系为主，多渠道地促进艺术品交易，实现市场的发展，同时兼顾学术网络关系扩散以推动组织学术发展。具体表现为：一方面斯为借助建立合作关系的艺术家以及自身收藏的艺术作品，展开了多类型的活动，包含学术与商业展出；另一方面大量地与企业形成合作伙伴关系，比如知名高校（高级总裁班）、银行、上市公司、知名民企等，挖掘出更多具有资金实力的企业、社会精英群体对艺术品的关注或购买。在2013—2014年，斯为举办了25场展览，其中包括12场商务活动、13场学术与商业展览，这些展览带有明显的商业性，同时与知名企业基于斯为美术馆场地合作举办商务活动。因此，斯为通过这一系列活动吸附了大量的艺术家、收藏者、爱好者、企业（家）、大众群体，快速地丰富了市场网络关系。“我们举办的商务活动目的就是要吸引这些有资金实力的人群的加入，并要想办法将他们的眼光放在投资艺术品。”（S1）（表5-6为斯为活动与网络关系示例）

表5-6 斯为部分展览与网络关系示例

展览名称	展出性质	参与群体	吸附群体
新具象·新经典——中国新经典画会2013年展	学术与商业展览	合作艺术家	艺术家、收藏者、爱好者、大众群体、媒体、竞争者、拍卖行
“曦園变法——任光荣乡情国画精品展”	学术与商业展览	签约艺术家	艺术家、收藏者、爱好者、大众群体、媒体、竞争者、拍卖行
2014年度博若莱新酒节	商务活动	知名企业	大众群体、企业（家）、精英人士、媒体、政府机构、收藏者、爱好者
2014华硕新品发布会	商务活动	知名企业	大众群体、企业（家）、精英人士、媒体、政府机构、收藏者、爱好者

（注：本表根据数据资料整理而得）

斯为通过不同的活动和展出吸附了大量的网络关系群体，并使其具有多元、丰富的网络关系，但与浓园不同之处是，斯为直接和有利于市场发展的网络关系产生持续的互动，比如斯为发现商务活动所黏附的企业（家）和精英人士更能直接实现艺术品交易，因而持续地举办不同形式的商务活动。通过商务活动企业黏附的这些市场网络关系群体，并与其不断地进行互动，促进交易的产生，使斯为直接获得经济效益。因而斯为更加坚信这类群体是市场发展的关键关系群体，因为“这类群体的成交周期短，成交率高，维护成本低，我们正需要这些关系群体的支撑”。由于确认了市场发展的网络关系群体，斯为在艺术家和艺术品的选择上更多考虑市场的需求，即通过满足消费者偏好选择所供应的产品。因此，斯为对艺术家的选择带有明显的市场导向——选择被艺术市场认可度更高的艺术家。“我们现在推出一种业务就是艺术品定制，根据客户的需求让艺术家进行艺术作品的创作。”（S3）与此同时，市场发展促使斯为需要建立更多元艺术品的供应，满足不同消费者的喜好，因此促进斯为不断地接触新的艺术家以及学术类的相关群体，这对自身的学术能力也提出了新的挑战，但也因此激活组织在学术方面的发展。

斯为通过网络关系的扩散使更多的网络关系群体被黏附，特别是与有利于市场发展的市场网络关系之间建立连接，并通过不同形式的活动产生互动，因此实现大量交易，解决了斯为当前生存问题。同时，由于市场发展也正向地推动学术发展及通过学术的提升更大程度地满足消费者需求。因此，在平稳的大环境中，斯为采用权变式的响应方式，通过网络关系扩散推动市场与学术发展，市场发展成果尤为突出，形成以市场网络关系为主导，学术网络关系为辅的广泛网络关系。

（三）网络关系收缩

2015年初外部震荡的大环境给这个还在发展初期的企业造成了致命的打击。由于斯为前期正处于解决生存的阶段，但马上又面临恶劣的外部大环境，使得斯为再次陷入生存的危机，生存成为企业当前最重要的目标。“这种环境中，这是大浪淘沙的过程，对我们是严峻的考验，我们想到的都是如何生存下来。”（S10）面对动荡的大环境，市场发展对斯为而言越发地重要。在网络关系扩散过程中，斯为通过对市场网络关系的关注、黏附、互动实现交易提升，解决当时面临的生存问题，进而对该阶段市场网络关系进行更多的探索与利用，同时为了克服广泛网络关系的冗余与负载，减少网络关系所产生的成本，对网络关系进行收缩。其主要表现：一方面针对易成交的市场网络关系群体持续开展大量的商务活动——以斯为美术馆为参展地，与知名企业机构合作举办各种商务活动，仅在2015上半年就举办10余场，商业与学术展览4场。一系列的活动使斯为更集中地关注、黏附企业（家）、精英人士以及部分收藏者、爱好者、艺术家粉丝等网络关系，并通过各种形式促进彼此之间的互动频率。“我们针对性地开展商务活动，凝聚能快速产生交易的群体，具有经济实力的群体是我们首要的选择对象。”（S4）同时，组织疏远了不符合当前需求的网络关系群体，比如大众群体、政府机构。“其实艺术还是属于少部分群体能够把玩的，想与大众达成交易是很难的，他们毕竟在财力、认知上有很大的局限”；（S3）“基于和政府合作会涉及多方面的事务，因此我们回绝了”。（S2）另外一方面斯为暂停新艺术家合作以及艺术品的收藏，持续的艺术品收藏需要强大的经济支撑。然而，斯为采取的措施并没有获得积极回应。受国家经济和政策调控的影响，斯为所黏附的所谓市场网络关系群体中的核心群体大多对艺术品持观望态度，并没有与斯为快速成交；同时疏远的网络关系群体行为切断了潜在关系的涌现。因此，在斯为网络关系收缩过程中，将艺术学术与市场发展人为地割裂，单一地发展某一方面。同时在网络关系扩散过程中挖掘的关键市场网络关系群体在动荡的外部环境下并没有给予积极的回应以及未如斯为所预期的那样产生大量的交易，因而选择权变式的响应方式并没有有效地推动斯为市场方面的发展，未能突破生存的困境，最终于2016年走向消亡。

综上所述，斯为早期发展处于平稳的外部环境，基于生存需求采用权变式响应外部环境，通过网络关系扩散实现以市场为主、学术为辅的发展，解决了生存问题；在面临震荡的外部环境时，同样采用了权变式响应方式进行网络关系收缩，市场发展成为绝对主导，忽略了学术与市场发展之间的内在关系，导致两者之间无法进行相互的良性响应，最终斯为走向消亡。具体过程如图5–4所示，具体案例证据参照表5–7。

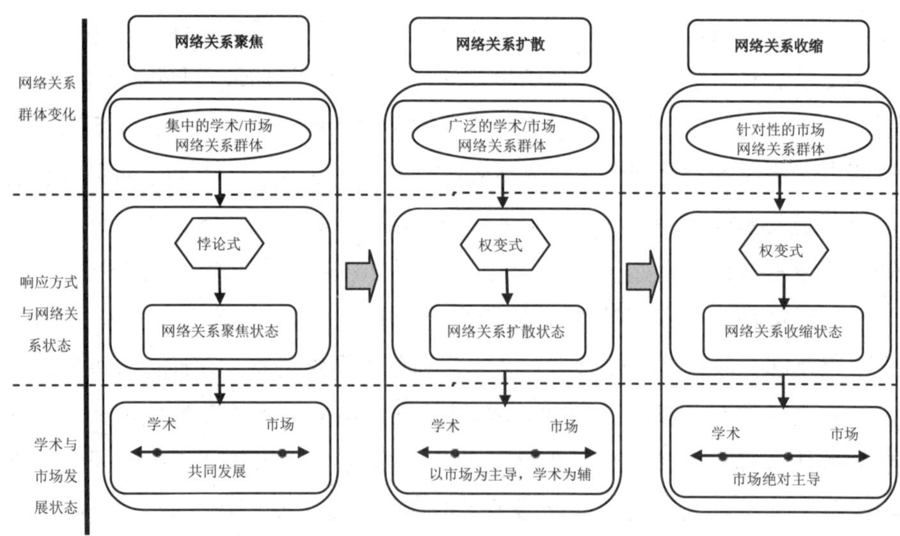

图5–4 斯为网络关系发展、响应方式和新创组织发展过程

第三节　研究发现

网络关系背景下网络关系动态演化过程中的新创企业网络关系适应行为，即学术网络关系行为和市场网络关系行为通过权变式与悖论式响应方式影响组织发展实现对外部环境动态环境的适应。一方面网络关系的嵌入使新创企业在应对过程中有了新的探索空间，另一方面也对新创企业应对动态环境过程中网络关系的管理提出新的挑战（Saz-Carranza 和 Ospina，2010）。尽管当前研究学者对网络关系、权变与悖论的研究已取得显著成果，但是缺乏关于网络关系情境下的网络关系动态演化过程，冲突的网络关系行为与权变式、悖论式的响应方式是如何影响新创企业发展，由释放动态能力的前提条件的积累过程以及内在作用机理研究给予系统性的解答。新创企业学术与市场网络关系冲突行为通过权变式和悖论式两种响应方式影响其应对外部动态环境的内在作用机理过程研究，揭示了网络关系适应行为推动新创企业动态能力释放的前提条件由外至内积累的过程，构建了“网络关系动态演化路径中权变式与悖论式响应方式影响新创组织发展作用机理”模型以及相关命题。

表5-7　斯为网络关系发展、响应方式和新创组织发展过程的主要特征及证据举例

路径阶段	维度	主要构念	编码条目	典型证据示例
网络关系聚焦	网络关系发展	集中的学术/市场群体	13	我们合伙人分工很明确，我们三个分别用自己的关系（商业、艺术）来做这个事情，应该说是很好的互补。（S3）
	响应方式	悖论式	16	不同的合伙人带来了不同领域的网络关系群体，我们的发展形势成一种互补状态。（S1）
	学术与市场	共同发展	8	当前合伙人之间聚集的这些关系让斯为在学术和市场都有发展。（S7）

续表

路径阶段	维度	主要构念	编码条目	典型证据示例
网络关系扩展	网络关系发展	广泛的学术/市场群体	10	艺术行业是涉及很多群体的行业，我们需要在这些行业中找到市场发展的群体。（S5）
	响应方式	权变式	20	我们趁着这个好的大环境，必须快速地完成资本积累，为更长远的发展做好准备。（S9）
	学术与市场	市场主导，学术为辅	11	在这些各种活动中交易成为最重要的目的，而且交易量也比较明显。（S4）
网络关系收缩	网络关系发展	针对性的市场群体	13	基于当前的形势斯为希望有更多的成交量，需要发展更多能实现交易的群体。（S8）
	响应方式	权变式	16	当前环境的动荡，生存是当务之急，我们不得已需要寻找实现交易的群体。（S1）
	学术与市场	市场绝对主导	10	我们过多关注成交，但是交易和学术方面都没有融合好。（S1）

本研究表明，学术与市场网络关系冲突行为通过权变式或悖论式的响应方式使组织能力产生共演，不同的响应方式应对了不同的演化过程。鉴于此，本研究归纳提出新创组织应对动态环境过程中，网络关系背景下网络关系动态演化路径中权变式与悖论式响应方式影响组织发展作用机理的理论模型（图5-5）。该模型表明：首先，新创艺术机构组织前期市场与学术网络关系状态是影响组织采用何种响应方式的根本因素；其次，当新创组织处于平稳的外部大环境时，网络关系“聚焦—扩散”演化路径中组织权变式和悖论式的响应方式对艺术机构组织学术与市场发展都有推动作用，表现出一致性。但就新创组织当期的目标实现状况而言，权变式响应方式优于悖论式响应方式，即学术与市场协同发展表现更为突出；最后，当新创组织的外部大环境发生震荡时，网络关系“扩散—收缩”演化路径中权变式的响应方式阻碍艺术机构组织学术与市场发展，悖论式响应方式推动学术与市场发展，即持续的悖论式响应方式推动学术与市场互动的深入，二者协同发展以及内部韧性更加突出，使新创组织更具有应对外部环境的活性，因此，该阶段新创企业适应外部动态环境时悖论式响应方式优于权变式响应方式。

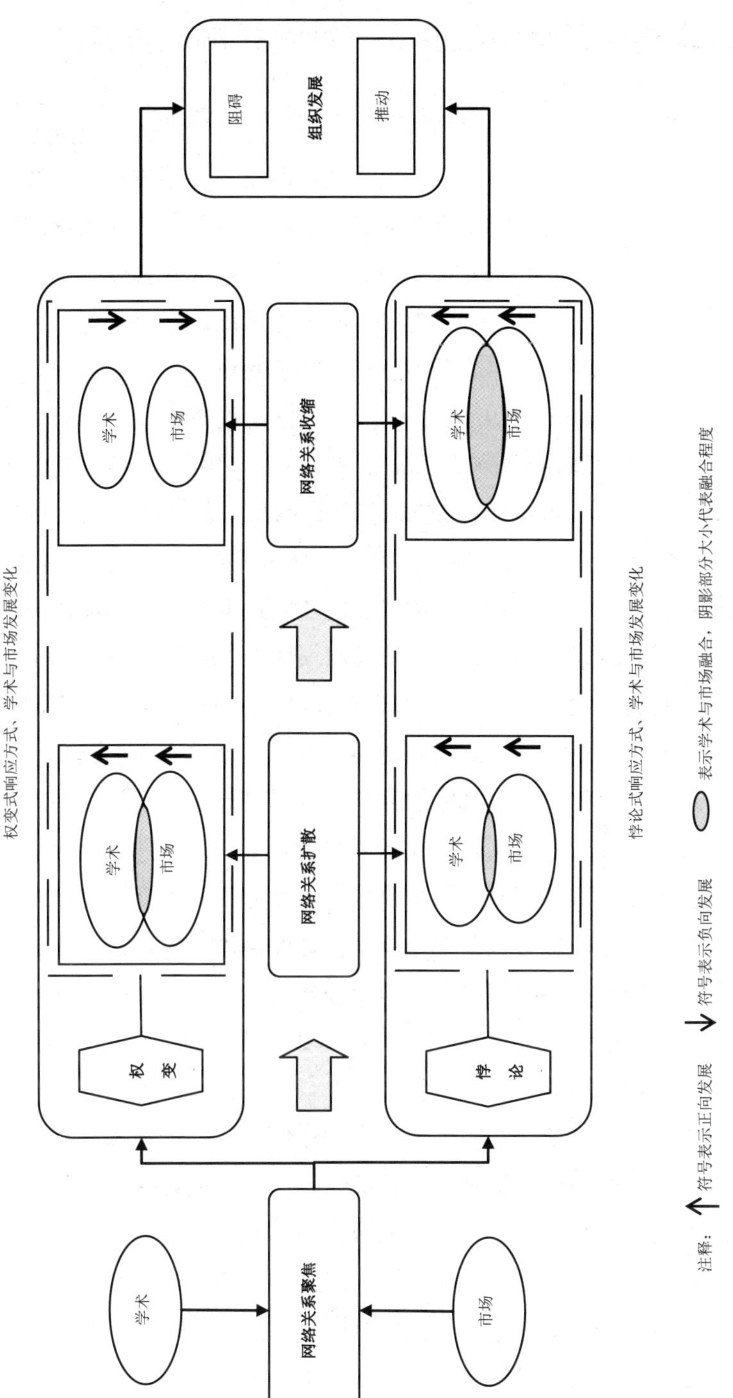

图5-5　网络关系路径、权变式与悖论式对新创组织发展作用机理理论模型

一、动能整合过程中权变式与悖论式响应方式

在动态网络关系背景下艺术机构组织适应外部动态环境过程中涉及学术与市场两种发展倾向，这使新创企业面临了学术网络关系行为和市场网络关系行为两种冲突行为，对两种冲突行为的响应方式有权变式和悖论式。当前有学者对权变与悖论理论的对比研究指出：两者存在的前提是基于冲突的应对，权变倾向在某种情境下选择适合的方式，悖论是讲究共存的状态，不仅仅针对某一方面（Lewis 和 Smith，2014）。有关悖论视角下冲突的研究指出冲突的双方对可持续发展相互影响（Smith 和 Lewis，2011）。悖论视角下的多重制度逻辑融合的研究也指出多重制度逻辑的共存以及交织的程度越高，组织越容易获得新市场的机会（Dalplaz等，2016），更容易实现组织的可持续发展（Battilana 和 Lee，2014）。新创企业能够快速融合多种制度逻辑也更有利于克服新进入者缺陷。本研究发现浓园与斯为在2013年在学术与市场积淀的差别：浓园从成立发展至2013年学术与市场网络关系行为持续作用使学术与市场有比较深厚的积淀，彼此融合度高，比如在学术方面，随着艺术村艺术家持续的入驻以及相关学术群体的参与，浓园管理层对学术知识的不断提升，浓园学术上得到行业的认可，在行业内建立了一定的学术话语权。同时，基于学术的积淀吸引了诸多的艺术收藏者、爱好者、大众群体以及政府等网络关系群体的关注与认可，并与之建立良好的互动关系。斯为作为新兴公司，依靠高层管理人员短时间的学术与市场网络关系行为黏附的学术与市场网络关系群体维持企业早期的发展，因而基础薄弱，属于临时组合状态，学术与市场之间的相互影响以及黏附程度、融合程度较低。当组织面临动态环境时，浓园由于学术与市场的黏附程度强，任何一方的变化都会积极促进另一方的变化，两者之间处于良性互动状态，因而组织更容易采用悖论式响应方式；斯为由于学术与市场之间属于割裂状态，当组织为解决某一方面的发展时，权变式的响应方式更容易被采用。因此，本研究提出命题5.1：

新创组织网络关系适应行为包含学术网络关系行为和市场网络关系行为，二者具有冲突性，其学术网络关系行为和市场网络关系行为之间的循环互动构建了悖论动态循环，进而促进新创组织良性发展。 （5.1）

二、动能整合过程中权变式与悖论式对比

在网络关系演化路径中新创企业的学术/市场网络关系冲突行为通过采用权变式与悖论式的响应方式改变自身能力适应外部动态环境，并对学术与市场发展产生不同的影响。Lewis 和 Smith（2014）就组织应对动态环境中对权变式与悖论式两种方式进行比较，强调组织当前面临的环境状态。权变式首要解决的问题是在什么条件下选A还是B；悖论式解决的首要问题是如何同时使A与B紧密联系。在应对动态环境的研究中，Smith 和 Lewis（2011）指出权变式对短期绩效有积极正向作用，悖论式对长期绩效有积极正向作用。本研究案例表明，基于新创组织前期学术与市场发展积累的区别，当新创企业面对稳定的外部大环境为实现生存需求时，网络关系处于“聚焦—扩散”过程中，组织采用权变式响应方式，通过不同形式的活动黏附多元、丰富的学术或市场的任一方面网络关系群体，激发组织学术或市场某一方面的快速发展。同时由于艺术行业本身的特殊性，学术与市场之间是相互对立但又相互依存的关系，快速发展的某一方必定带动另外一方的发展。因此，斯为通过权变式的响应方式不仅黏附了大量的市场网络关系群体，彼此之间建立互动促进艺术品的交易，使组织快速地获得经济收益，克服了新进入者的缺陷。同时，对组织外部学术与市场网络关系进行扩散，促进组织累积丰富、多元的网络关系群体，共同推进学术与市场的发展，由于学术与市场网络关系的共同发展也促进组织学术与市场之间的互动，彼此的黏附性增强，但就新创企业发展成就而言即学术与市场共同发展的表现，权变式响应方式的效果优于悖论式。因此，网络关系“聚焦—扩散”演化过程中，组织不管是采用悖论式还是权变式的响应方式均使组织黏附丰富、多元的学术与市场网络关系，并与这些网络关系的互动促进组织学术与市场的发展。因此，本研究提出命题5.2：

网络关系“聚焦—扩散”过程中，权变式与悖论式的响应方式均对新创组织学术与市场的发展有推动作用，相比之下，权变式比悖论式的推动作用更为显著。　（5.2）

Smith 和 Lewis（2011）建立的悖论动态均衡模型指出组织在应对动态

外部环境时，通过拥抱冲突的响应行为有利于长期绩效实现和组织双元性能力的提高，进而建立组织良性发展（Seo 和 Creed，2002；Raisch 和 Birkinshaw，2008）。有学者研究指出，网络关系的多样性对组织获取双元性有正向的影响作用（Simsek，2009）。本研究发现当新创组织面临动荡的外部环境时采用权变式的响应方式及侧重学术或市场某一方面的发展，这更多是在利用外部显性的网络关系。同时，由于环境的动荡、网络关系的收缩，外部显性关系急剧锐减，因为被侧重发展的某一方必将受到消极的影响。同时受到消极影响的一方也会对另一方产生负面效应。因此，权变的响应方式加剧了学术与市场的分裂。当采用悖论式的响应方式时，尽管网络关系呈收缩状态，但是由于组织前期通过悖论式的响应方式积淀了丰富、多元化的网络关系，当进行网络关系收缩时，组织有针对性地对网络关系进行筛选，挖掘对学术与市场发展最有利的网络关系群体。由于悖论式响应方式使组织包容更多存在性的可能，培养了隐性的潜在能力，建立了最优网络关系网。因此，当外部环境发生变化时，悖论式的响应方式激活外部潜在的可能，释放出更多的潜在，同时由于学术与市场的紧密联系，当面临动荡环境时，尽管某一方面的发展滞后，但另外一方基于原有的积淀，表现出应对动荡环境的韧性，释放潜在，进而推动滞后方以及自身发展。由此，本研究提出命题 5.3：

在网络关系“扩散—收缩”过程中，权变式的响应方式导致学术与市场网络关系的负向作用，阻碍新创组织发展；悖论式响应方式建立的悖论动态循环过程推动学术与市场网络关系深度融合有正向作用，推动新创组织发展。 （5.3）

第四节　理论贡献

以上分析得到动态网络关系背景下，网络关系动态演化路径和新创企业网络关系适应行为涉及的权变式与悖论式响应方式对新创企业发展作用机理的模型和相关命题，详细阐述了艺术行业的新创艺术机构组织在网络关系动态演化路径过程中，组织网络关系适应行为中学术和市场网络关系冲突行为通过采用的权变式和悖论式两种响应方式如何影响新创企业发展的共演过程以及内在作用机理，揭示网络关系适应行为的悖论循环过程如何促进新创企业动态能力释放的前提条件积累以及其活性激发过程。同时，该研究基于网络关系、权变与悖论理论、动态能力视角下，给网络关系、权变与悖论理论、动态能力提升带来新的启示。

首先，本研究促进了网络关系适应行为应对外部动态环境的理解。由于网络关系嵌入性（Granovetter，1985）和结构洞理论（Burt，1992），研究探讨了网络关系中的行为主体与社会之间的互动关系，同时有研究从个体层面探讨了应对外部动态环境过程中的自适应反应是自主建构的过程（Rowley和 Baum，2008），同时由于外部环境的动态性促进网络关系内部的演化，也体现了在网络关系情境下“组织与环境”之间的互动及共同演化，这是组织的适应过程（Koza 和 Lewin，1998）。吴结兵等（2010）基于产业集群指出网络化过程中需要行为主体发出适应性行为与网络关系相匹配，因此在动态的网络中需要建立网络行动逻辑（罗家德等，2014），从而形成应对外部动态环境的网络关系适应行为。本研究为此从组织层面提供了经验证据的支持，如外部环境动态变化时，新创企业面临生存的基本需求促使对市场网络关系群体产生的依赖，进而导致其对响应行为的平衡与权衡。同时，本研究也发现，网络关系的动态演化过程中组织原有网络关系的状况也会引发适应动态环境时网络关系行为的平衡与权衡。因而，本研究认为在应对外部动态环境过程中，网络关系适应行为是自然存在的，这是新创企业生存与可持续发展的必然行为。

其次，本研究基于网络关系动态演化路径，讨论了权变式与悖论式的响应方式分别在什么情境下有优势，从而促进新创企业应对动态环境过程中对权变与悖论的理解。在组织应对冲突过程中，权变理论强调了哪一种方法更适合组织，换句话说，组织是基于外部条件选择最为有效的行为活动（Galbraith，1973）；悖论理论就权变理论而言是一种组织在应对冲突时可替换的响应方式，它探索了组织如何使两个竞争需求同时存在（Simth 和 Lewis，2011）。Lewis 和 Simth（2014）通过对权变与悖论的对比研究指出，将权变与悖论理论作为一种元理论，通过探索与利用、学习与绩效两对冲突嵌入在两种元理论中发现组织通过悖论式响应动态环境更容易获得可持续发展，该结论证明悖论式更优于权变式，但缺乏权变与悖论对组织成长或获得可持续发展是否存在一致性的研究。本研究通过对稳定外部环境下网络关系由聚焦转向扩散和动荡外部环境下网络关系由扩散转向收缩的两种动态演化研究，探索了新创企业采用权变式与悖论式响应方式各自的优势表现，发现在外部环境处于稳定时期，权变式与悖论式的相应方式对组织的能力发展表现出了一致性：二者都促进组织学术与市场能力的提升。因此，本研究认为通过不同情境对权变式与悖论式的优势表现的研究，发现了权变式与悖论式响应方式对新创企业绩效影响具有一致性，扩充了权变式与悖论式对组织影响具有一致性的研究分析以及诞生了权变与悖论的理论研究。

最后，本研究探讨了当外部环境处于动荡时期，网络关系从扩散到收缩的演化过程中新创企业通过权变式与悖论式的响应方式对组织的能力影响区别：悖论式优于权变式的响应方式，其对新创艺术机构组织学术与市场发展有正向推动作用，因而促进组织在应对动态环境过程中，悖论视角对多重制度融合优势的理解。Greenwood等（2011）提出组织通过战略与结构应对复杂、多重的制度逻辑，但在不确定的外部环境中多重制度逻辑导致的冲突使组织更难应对动态的外部环境。多重制度逻辑下的冲突既是协同的也是相互持续存在的，悖论视角正是提倡了通过拥抱冲突，进而促进组织变革、促进企业获得可持续竞争优势的来源（Fredberg，2014）。网络关系通过悖论响应方式促进网络关系有效动态演化，形成更具韧劲，更具承载力的网络关系网，并不断地激活潜在能力，释放潜在资源，进而促进艺术学术与市场价值逻辑的实现。因此，本研究基于网络关系视角解析网络关系动态演化中悖论式响应方式促进新创组织更为有效地应对震荡环境。因此，我们进一步证实在动态环境中悖论视角对多重制度逻辑融合的优势会越来越明显。

参考文献

[1] 冷劲辉.中国民营美术馆商业模式创新——一个双元价值主张模型[D].成都：电子科技大学，2017.

[2] 李红春.从“展览”到“参与”：艺术价值在当代的再转换[J]. 天津社会科学，2013，(6)：114–119.

[3] 罗家德，张田，任兵. 基于“布局”理论视角的企业间社会网络结构与复杂适应[J].管理学报，2014，11(9)：1253–1264.

[4] 吴结兵，郭斌.企业适应性行为，网络化与产业集群的共同演化——绍兴县纺织业集群发展的纵向案例研究[J].管理世界，2010，(2)：141–155.

[5] Ahuja G，Soda G，Zaheer A. The genesis and dynamics of organizational networks[J]. *Organization Science*，2012，23(2)：434–448.

[6] Alexander V D，Bowler A E. Art at the crossroads：the arts in society and the sociology of art[J]. *Poetics*，2014，43(1)：1–19.

[7] Battilana J，Dorado S. Building sustainable hybrid organizations：the case of commercial microfinance organizations[J]. *Academy of Management Journal*，2010，53(6)：1419–1440.

[8] Battilana J，Lee M. 2014. Advancing research on hybrid organizing–Insights from the study of social enterprises[J]. *The Academy of Management Annals*，8(1)：397–441.

[9] Burt R S. *Structural holes*：*The social structure of competition*[M]. Boston：Harvard University Press，2009.

[10] Dalpiaz E，Rindova V，Ravasi D. Combining logics to transform organizational agency：Blending industry and art at Alessi[J]. *Administrative Science Quarterly*,

2016, 61(3): 347–392.

[11] Eikhof D R, Haunschild A. For art's sake! artistic and economic logics in creative production[J]. *Journal of Organizational Behavior*, 2007, 28(5): 523–538.

[12] Eisenhardt K M. Building theories from case study research[J]. *Academy of Management Review*, 1989, 14(4): 532–550.

[13] Fredberg T. If I say it's complex, it bloody well will be: CEO strategies for managing paradox[J]. *The Journal of Applied Behavioral Science*, 2014, 50(2): 171–188.

[14] Galbraith J K. Power and the useful economist[J]. *American Economic Review*, 1973, 63(1): 1–11.

[15] Granovetter M. Economic action and social structure: the problem of embeddedness [J]. *American Journal of Sociology*, 1985, 91(3): 481–510.

[16] Greenwood R, Raynard M, Kodeih F, et al. Institutional complexity and organizational responses[J]. *Academy of Management Annals*,2011, 5(1): 317–371.

[17] Koka B R, Madhavan R, Prescott J E. The evolution of interfirm networks: environmental effects on patterns of network change[J]. *Academy of Management Review*, 2006, 31(3): 721–737.

[18] Lewis M W, Smith W K. Paradox as a metatheoretical perspective: sharpening the focus and widening the scope[J]. *The Journal of Applied Behavioral Science*, 2014, 50(2): 127–149.

[19] Lewis M W, Smith W K. Paradox as a metatheoretical perspective: sharpening the focus and widening the scope[J]. *The Journal of Applied Behavioral Science*,2014, 50(2): 127–149.

[20] Mariotti F, Delbridge R. Overcoming network overload and redundancy in interorganizational networks: the roles of potential and latent ties[J]. *Organization Science*, 2012, 23(2): 511–528.

[21] Miles M B, Huberman A M. *Qualitative data analysis: an expanded sourcebook*[M]. Landon: Sage Publications, 1994.

[22] Quinn R E，Cameron K S. *Paradox and transformation：Toward a theory of change in organization and management*[M]. New York：Ballinger Publishing Co/Harper and Row Publishers，1988.

[23] Raisch S，Birkinshaw J. Organizational ambidexterity：antecedents，outcomes，and moderators[J]. *Journal of Management*，2008，34(3)：375–409.

[24] Rowley T J，Baum J A C. *The dynamics of network strategies and positions*[M]. Boston：Emerald Group Publishing Limited，2008.

[25] Saz–Carranza A，Ospina S M. The behavioral dimension of governing interorganizational goal–directed networks—Managing the unity–diversity tension[J]. *Journal of Public Administration Research and Theory*,2010，21(2)：327–365.

[26] Seo M G，Creed W E D. Institutional contradictions，praxis，and institutional change：a dialectical perspective[J]. *Academy of Management Review*，2002，27(2)：222–247.

[27] Smith W K，Lewis M W. Toward a theory of paradox：adynamic equilibrium model of organizing[J]. *Academy of Management Review*，2011，36(2)：381–403.

[28] Simsek Z. Organizational ambidexterity：towards a multilevel understanding[J]. *Journal of Management Studies*，2009，46(4)：597–624.

[29] Yin R K. *Case study research and applications：design and methods*[M]. Landon：Sage publications，2017.

第六章　新创企业网络关系行为与环境能动的动能整合过程

第四章、第五章分别从个体与组织层面探讨了网络关系行为与环境适应过程，即网络关系适应行为与新创企业组织能力提升的过程以及作用机理的研究。主要发现了作为悖论主体的新创企业关键主体在能力提升过程中面临了个体角色与组织角色的矛盾，需要关键行为主体建立个体与组织角色网络关系行为的悖论循环；在组织层面新创企业网络关系动态演化与能力提升共演的过程中，面临了学术与市场网络关系冲突行为，需要新创企业建立学术与市场网络关系行为的悖论循环。这是新创企业通过网络关系适应行为提升其动态能力释放的前提条件的积累过程，即通过网络关系行为实现新创企业适应外部动态环境的过程。本章承接第四章、第五章探讨新创企业网络关系行为与环境能动的过程，即新创企业网络关系能动行为中的冲突行为循环互动激活其内部动态能力释放的过程，其属于纵向的过程研究，有助于揭示新创企业网络关系能动行为如何建立悖论动态循环，进而由内至外释放动态能力的过程以及作用机理。

研究学者提出组织的适应与能动行为在适应复杂过程中是交替主导的（Tan 和 Litschert，1994；Koza 和 Lewin，1998；Tan 和 Tan，2005）。组织在适应行为过程中通过不断对资源的获取、整合，进而减少组织对资源的依赖以及主动地影响外部环境，以塑造有利于自身的环境条件（Pfeffer 和 Salancik，1978）。罗家德等（2014）强调在创业过程中新创企业自主地通过平衡耦合与脱耦改变网络关系的疏密，从而创造并寻找机会以达到应对动态环境的目的。因而新创企业网络关系能动行为依旧存在冲突。当前有研究表明，悖论动态均衡模型中双元行为贯穿组织应对悖论冲突的整个过程，并促进组织发展处于良性循环状态（Smith 和 Lewis，2011）。同时双元行为持续互动建立一种成熟的动态能力（Schreyögg 和 Kliesch-Eberl，2007），其促进组织不断对资源进行精心的部署（O'Reilly 和 Tushman，2008）。因此，新创组织网络关系冲突的能动行为，基于悖论视角构建悖论动态循环，进而促进了动态能力的释放。

本研究在考察浓园发展历程中通过网络关系聚类与扩散行为实现企业门类族群、业务族群生态圈形成过程。研究结果表明：（1）网络关系背景下的组织具有网络关系聚类和网络关系扩散的双元行为；（2）网络关系聚类与网络关系扩散行为的循环互动构建了悖论动态循环，从而实现样本企业门类族群、业务族群生态圈的形成；（3）网络关系双元行为构建悖论动态循环过程中释放动态能力。本研究提出了组织网络关系双元行为，其二者行为的循环互动构建了悖论动态循环，进而重构了网络关系背景下动态能力的释放，拓展了网络关系和动态能力理论。

第一节 研究方法

一、方法和案例选择

本研究采用探索性单案例的研究方法，通过单案例多阶段的过程分析解释当前尚未被充分理解的现象（Marshall 和 Rossman，2014）。首先，本研究是在回答艺术机构组织如何通过网络关系建立动态能力，这是解释“如何”的问题类型，同时本研究研究的是有关组织网络关系和动态能力的演化过程，是动态和发展的过程，运用案例研究方法最为适合（Yin，2002）。其次，本研究研究网络关系行为释放动态能力的过程以及作用机理，当前研究鲜少涉及，因此，探索性的案例研究方法最为合适（陈晓萍，徐淑英和樊景立，2008）。最后，由于本研究涉及新概念，需要不断对新概念进行探索、迭代、整合，这就需要有充足的案例资料和数据来支撑，同时通过单案例的研究对某种特定现象进行深度的阐述与分析，这有利于解释特定现象涉及的本质，即现象背后的复杂机理以及理论或规律。

本研究的研究行业选择艺术行业，因为当前互联网情境下的企业面临更加复杂的、动态的外部网络关系，工业组织在应对动态环境中强调处理好单向的线性网络关系，社会组织完全依赖外部网络关系，而艺术机构组织既有行业的特殊性（商业性与艺术性），同时其网络关系形式又介于工业组织与社会组织之间——需要处理多元动态的非线性外部网络环境（陈池瑜，2005），因此对新创艺术机构组织在网络关系承载下，通过怎样的演进过程来建立与外部网络关系良性的循环机理的研究具有重要意义。对象选择的是浓园，选择其为研究对象，主要原因有：（1）浓园作为中国较早的原创艺术基地之一，在国内艺术行业享有盛名。自2005年成立至今，其发展过程中面临经营门类、业务单一等的经营问题，这和很多企业所面临的经营环境相似。（2）自2005年浓园成立，其基于网络关系演化路径与采用的响应行为共演过程，不断地提升了组织内部的市场与学术能力。基于组织网络适应行为促进组织由外至内的能力成为激活组织由内至外释放动态能力的基础，即由于网络关系适应行为嵌入的深入激活了组织网络关系能动行为，进而促进了组织逐渐形成门类和业务族群，这与研究主题相吻合。（3）浓园通过适应外部环境，逐渐建立行业话语权，特别是书画、陶器、玉器等门类的收藏，并建立了艺术作品、艺术家走向大众群众的通道。其从成立至今呈良好发展态势，尽管期间受国家经济大环境影响营业额有所波动，但其整体呈增长态势。因此，选择该案例进行的研究所得到的研究结论对于其他企业更具有典型价值。

二、数据收集

本研究采用多种来源收集数据（见表6–1），主要包括（1）企业发展的历史档案，如企业年报、企业年度（半年度）总结、公司档案材料、内部会议记录等。（2）深度访谈及半结构式访谈。本研究共进行了3个阶段的访谈，其访谈和数据的收集主要围绕浓园在我国本土的发展历史、浓园发展历程中网络关系的变化以及推动网络关系变化的具体过程、浓园在发展历程中网络关系如何改变组织能力等。（3）现场观察及参加企业组织的相关活动，如会议、展览、艺术沙龙活动等。本研究共开展了11次现场观察，研究团队对浓园多次走访，多次参与浓园举办的展览、交流会活动。通过参与活动了解浓园与外部网络关系互动的过程。（4）企业官网以及第三方平台查阅、搜索有关企业发展的相关信息资料以及相关公共媒体对企业的相关报道等，这些资料作为二手资料能对一手资料进行补充。（5）通过非正式访谈的形式进行资料收集，比如在参与活动过程中，通过与相关人员的交流、电子邮件、电话、微信、QQ等形式所获取的定性数据。为了确保研究信度与效度，多元的数据来源构成研究中的“三角验证”（Glaser 和 Strauss，1968），增强研究结果的准确性。

表6–1　案例材料来源及编码

数据来源		数量	编码
一手数据	深度访谈	16	NF1
	非正式访谈	11	NF2
	现场观察	11	NF3
二手数据	企业历史档案	30	NS1
	企业网站及相关内部文件	45	NS2
	媒体访谈资料（媒体报道）	8	NS3
	企业提供或认可的外部资料	5	NS4

本研究最为重要的数据来源是半结构化的深度访谈。本研究总共进行了三个阶段的访谈，第一阶段是通过与浓园高层管理人员进行一对一访谈，就当前企业如何在众多艺术机构组织中成为佼佼者这一问题进行探讨。通过对收集的数据资料以及访谈录音进行分析，本研究发现企业对网络关系的不断调整激活动态能力方面具有研究价值。第二阶段访谈，根据第一阶段找出的问题持续与企业的中高层人员进行深度访谈（半结构化），从而获得有关浓园在发展历程中网络关系具体变化以及能力变化的相关信息，同时和有关负责人讨论企业门类族群和业务族群的发展历程。第三阶段的访谈，主要是与浓园的高层管理团队核对前期收集的相关信息的准确性。访谈对象的描述性统计如表6–2所示。

表6–2　浓园访谈信息统计表

序号	访谈对象	访谈内容	访谈频次	访谈时长（分钟）	录音文字（万）	编码
1	董事长	企业发展历程以及整体战略规划，企业业态发展战略规划，组织发展过程中对外部网络关系的评价与理解	2	110	约1.6	NF1–1
2	村主任（总经理）	企业发展历程以及整体战略规划，企业发展历程中外部网络关系对组织发展的影响以及企业采用的行为活动改变组织的网络关系，发展历程中企业能力的变化历程，网络关系与企业能力的关系，艺术门类与业务发展中矛盾的缓和以及彼此之间的衔接	4	684	约9.4	NF1–2
3	营销总监	企业业务发展历程，业务与网络关系之间的关系，销售渠道与网络布局	1	70	约1.05	NF1–3
4	展厅经理	艺术门类介绍，销售渠道与网络布局	1	40	约0.56	NF1–4
5	子公司总监A	该分公司发展历程，与公司整体发展的关系与作用	1	52	约0.73	NF1–5

续表

序号	访谈对象	访谈内容	访谈频次	访谈时长（分钟）	录音文字（万）	编码
6	子公司总监B	该分公司发展历程，与公司整体发展的关系与作用	1	64	约0.84	NF1-6
7	合作艺术机构组织	对浓园的评价，与浓园合作发展历程，网络关系对艺术机构组织发展的影响，门类对艺术机构组织发展的影响，业务拓展的渠道	2	110	约1.65	NF1-7
8	驻园艺术家A（2005年入驻）	艺术门类的发展，涉及门类与艺术村的关系，多门类多艺术机构组织的影响，艺术门类走向市场，对网络关系、门类发展以及艺术村的影响	1	162	约2.27	NF1-8
9	驻园艺术家B（2011年入驻）	艺术门类的发展，涉及门类与艺术村的关系，多门类多艺术机构组织的影响，艺术门类走向市场，对网络关系、门类发展以及艺术村的影响	1	126	约1.75	NF1-9
10	驻园艺术家C（2005年入驻）	艺术门类的发展，艺术门类走向市场，对网络关系、门类发展以及艺术村的影响	1	43	约0.59	NF1-10
11	驻园艺术家D（2008年入驻）	艺术门类的发展，艺术门类走向市场，对网络关系、门类发展以及艺术村的影响	1	69	约0.98	NF1-11
12	驻园艺术家E（2013年入驻）	艺术门类的发展，涉及门类与艺术村的关系，多门类多艺术机构组织的影响，艺术门类走向市场，对网络关系、门类发展以及艺术村的影响	1	100	约1.43	NF1-12
13	驻园艺术家F（2010年入驻）	艺术门类的发展，艺术门类走向市场，对网络关系、门类发展以及艺术村的影响	1	62	约0.84	NF1-13

三、数据分析

通过对新创企业网络关系聚类与扩散行为如何建立悖论动态循环促进组织由内至外动态能力释放的过程以及作用机理问题的研究，本研究通过收集的数据资料整理了该研究对象发展历程的相关资料（Eisenhardt，1989；Yin，2003），展现出一个生动有趣的故事，并对其进行详细、深度的阐述。在对浓园案例分析的过程中，本研究遵循在数据、文献和构念之间不断地进行对比、迭代、调整，不断循环这一过程（Galunic 和 Eisenhardt，1996；Glaser 和 Strauss，1967），进而形成关键的核心构念和测量维度（核心构念编码结果见表6-3）。这些构念与案例数据高度相关，即这些数据展现了案例网络关系能动行为如何建立悖论动态过程，并激活动态能力由内至外释放的过程。

表6-3　编码结果

核心构念	测量维度	定义	参考文献
网络关系能动行为	网络关系聚类	在大范围网络关系中探索一种类似的结构特征，这种类似的特征形成小世界及门类	Powell，White，Koput，et al.，2005；Gulati，Sytch 和 Tatarynowicz，2012
	网络关系扩散	通过利用更多的网络关系连接到新的网络关系，形成更广泛的网络关系，实现业务的拓展	Powell，White，Koput，et al.，2005 Gulati，Sytch 和 Tatarynowicz，2012
悖论动态循环	行为平衡	通过平衡对立但又相互关联的冲突行为实现可持续发展	Smith 和 Lewis，2011
动态能力	能力提升	通过重构、整合和释放企业外部网络关系使组织能力的提升贯穿整个成长过程以及组织从被动到主动的能力构建过程	Teece，2007；Mahmood，Zhu 和 Zajac，2011

为了深度分析新创企业网络关系聚类与扩散行为的动态平衡和动态能力释放过程，本研究首先对浓园纵向发展过程划分阶段，即根据时间

发展将过程分解或归类为有意义的阶段，阶段之间的比较也更为有效（Langley，1999）。其次，在对独立阶段的内部剖析基础上，遵循复制逻辑（Eisenhardt，1989）。本研究分析单个阶段内浓园平衡网络关系聚类与扩散的冲突，从而揭示出不同阶段不同的动态平衡模式释放了组织不同的能力，也反映了组织动态能力动态变化过程。最后，基于复制逻辑对案例纵向的过程复制，进而检测出随着时间变化不同阶段出现的特定理论观点与机理是可能重复出现的。阶段的纵向复制可检测以往阶段的模式和过程随后阶段产生的变化，有利于探索研究对象不同阶段的演化过程和模式所存在的差异，进而有利于解释过程的动态演变。

第二节 案例描述

一、企业案例背景介绍

浓园于2005年在成都创办。企业成立初期就重金打造艺术村——由浓园创始人自行投资开发建设艺术创作工作室，该工作室集创作、生活为一体，并以低廉的价格租给艺术家，以此吸引艺术家入驻。其在创办初期就吸引了著名艺术家程丛林的入驻。随着艺术村的快速发展，截止到2016年已入驻上百位艺术家，其中不乏诸多享誉全球的艺术家，比如程丛林、林跃、梁时民、张景岳等。同时随着艺术村的发展，浓园依托艺术村不断丰富艺术门类和拓展多元的艺术业务。“自2005年浓园成立以来，企业围绕‘艺术’为根基进行多元拓展，将传统的艺术文化与现代生活融会贯通，以学术提升艺术品质，以艺术提升生活，构建了多产业交融、互为支撑的全产业链平台，实现了艺术创作者、艺术收藏与爱好者等多利益相关者网络关系的共同成长，并实现了互利共赢。”（NF1-1）

浓园的网络关系发展可划分为三个阶段。第一阶段是2005—2008年核心门类小圈层成长期。该阶段浓园基于艺术村吸纳大量多元门类艺术家的入驻成为签约艺术家或是合伙人，借此促进浓园在多元艺术门类中得到圈内人士、机构的认可，进而获取学术话语权，为其在艺术品行业发展打下坚实基础。同时，由于入驻艺术家黏附了大量相关网络关系，如艺术品收藏者、艺术爱好者、教育机构、媒体等，浓园与这些群体建立了直接或间接的网络关系。第二阶段是2009—2013年门类族群培育期。2008年艺术行业在国内快速发展，市场呈现红火状态，浓园借助良好的发展之势快速丰富了艺术门类，包含了艺术中的基本门类（书法、文玩、雕刻、陶瓷、瓷器等）和创新门类，进而形成门类族群。基于这些艺术门类又黏附了大量的相关网络关系，如收藏者、爱好者、大众群体、拍卖行、政府、企业（家）等，进一步丰富了网络关系。第三阶段是2014—2016年企业业务族群培育期。浓园依托门类族群黏附了丰富的网络关系，进而拓展多元的业务单元，主要涉及了直接与门类匹配的业务，比如艺术品交易、艺术品收藏、鉴赏、原创设计等。同时依托艺术门类衍生了艺术教育、文化旅游等业务，进而形成业务族群。截止到2014年该企业已成功打造了A、B两个园区，同时营业额呈30%的（年）递增态势。浓园门类和业务发展历程如图6-1所示。

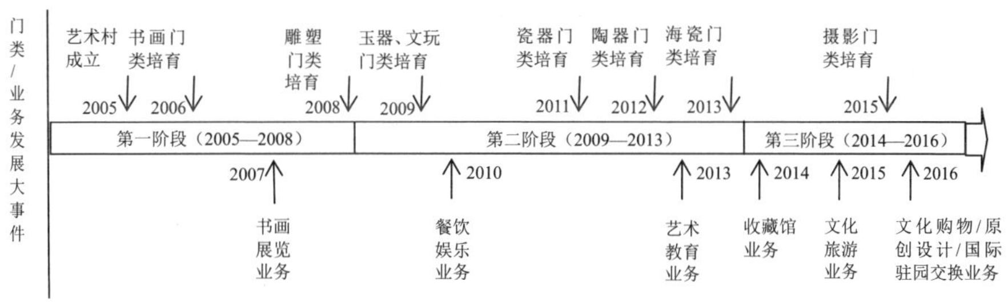

图6-1　浓园门类、业务单元发展大事件（2005—2016年）

二、门类与业务发展历程

（一）核心门类小圈层阶段（2005—2008年）

浓园的成立有一定特殊背景，该企业总经理蒋林是一位极度热爱艺术且为科班出身的书法艺术家。早年由于生存压力弃艺从事建筑行业，事业经营得风生水起，但一直对艺术有特殊的情怀。2005年，蒋林说服其爱人（浓园董事长）放弃如日中天的建材事业，同时在蒋林老师著名艺术家程丛林的支持下成立浓园。由于此前从事建筑行业的积淀，浓园将前期储备的土地资源用于开发创建浓园艺术村。“初期主要是考虑为浓园艺术家提供创作场地以及相关配套服务，其意在吸引艺术家驻园，艺术家只需缴纳创作场地租金即可。”（NF1-2）由于蒋林早年学习的是传统书画门类，且后成为程丛林唯一校外私家弟子，故蒋林在书画门类积淀深厚。基于这样得天独厚的优势，浓园尝试对传统书画门类进行培育。同时“由于艺术村为艺术家提供了理想的创作空间，因此吸引了大量的书画类艺术家的入驻，其中包括著名书画艺术家程丛林、梁时民、林跃等”。（NF1-2）截至2008年，已入驻艺术家110位左右，这些艺术家入驻，推动了浓园在书画门类的聚焦，并促进了其在书画门类圈的影响力。同时，“聚集的艺术家大量地产出艺术作品，浓园近水楼台先得月”（NF1-3），因此浓园收藏了大量的优质艺术作品，为企业后续展览、艺术品交易业务打下基础。基于入驻艺术村的艺术家而形成的网络关系，浓园于2007年开展书画类展览业务，此业务的开展有两方面的作用：一方面，依托浓园这个平台促进艺术家书画作品的交易，解决艺术家的作品交易问题进而解决艺术家的基本生存问题；另一方面，促进浓园、艺术家以及其他行为主体黏附的网络关系，基于浓园产生联系，进行互动，进而促进浓园黏附大量的书画门类的艺术家、收藏者、爱好者、拍卖行、艺术机构组织等网络关系，快速丰富浓园网络关系的数量、类型。“由于艺术行业中门类划分繁多，但彼此之间又具有相通性，书画类的艺术家很多又擅长其他门类”（NF1-8），而在浓园黏附的艺术家中有几位既是书画艺术家，又是雕塑艺术家，因此浓园尝试对雕塑门类进行培育。浓园从2005年创立至2008年，以艺术村为纽带聚集了书画和雕塑门类，其中以书画门类为核心。每个门类都吸附了大量的相关门类艺术家、收藏者、爱好者、拍卖行、艺术机构组织，浓园基于这些网络关系的黏附发展展览业务（如图6-2所示）。

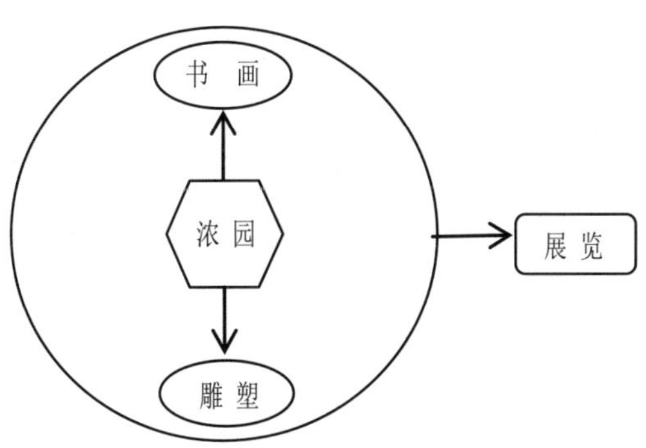

图6-2　2008年浓园艺术门类和业务单元图

（二）门类族群培育阶段（2009—2013年）

浓园基于艺术村在书画门类的深厚积淀提高了其在西南地区乃至全国的知名度，建立了在书画门类的话语权。“艺术行业中门类与门类之间存在互通性，同时该行业也是极具投机性的行业”（NF1-2），因此，浓园管理层意识到，早期浓园以书画门类为核心以及培育的雕塑门类，相对来说是单一的，这对艺术行业的企业发展来说是具有高风险性的，因为“艺术行业中消费者需求是多元化的，而且具有时限性，因此浓园从2009年开始打造多元艺术门类，从而降低企业应对艺术门类在市场上因投机性和时限性带来的经营风险”。（NF1-2）2009年，基于浓园前期对艺术门类的研究，发现玉器和文玩门类在艺术市场中具有非常强的抗时限性，并且浓园对一阶段发展过程中所黏附的网络关系进行市场分析发现，玉器与文玩门类具有极大的市场空间以及存在大量的潜在消费群体。因此，浓园于2009年对玉器和文玩两种门类进行培育。

大量艺术家的入驻以及相关网络关系的黏附使浓园艺术村具有浓烈的艺

术文化氛围，形成了一道独特的风景线。由于浓园的A、B区都是对外免费开放的，因此有大量的艺术类或非艺术类的网络关系群体入园参观、游玩。浓园借此优势，在2010年开拓了餐饮娱乐业务。“由于艺术村极具文化特色，带动餐饮娱乐业务的红火发展，因此餐饮娱乐业务的发展不仅解决了浓园部分经营成本的问题，还带来了很多以前我们无法接触到的群体。”（NF1–1）与此同时，浓园管理层持续进行对门类的研究，相继在2011年和2012年对瓷器门类和陶器门类进行培育。在该时段，浓园对艺术传统门类的培育达到了顶峰，基本囊括了传统的所有艺术门类。与此同时，浓园高层管理人员基于传统门类的聚类进行创新性思考：是否存在一些创新性门类既能包含传统门类的属性，又具有新的艺术价值特性。“因为传统门类在学术与市场的发展已经相对成熟，艺术机构组织对其只需要按部就班地进行规划发展，获取行业的认可，但无法在这些门类中成为领头羊，建立绝对的话语权。”（NF1–2）因此，探索创新门类对组织发展具有巨大意义。经发现，海瓷是一种包容了书画、雕塑、瓷器和陶瓷元素的门类，而当前市场还未对此门类进行开发，因此浓园在2013年进行海瓷门类的培育。同年，基于对传统门类的培育，浓园开拓了艺术教育业务，创办了天图教育，主要涉及幼、青少年在书画、雕塑、瓷器、陶器和海瓷等门类的兴趣与认知培养。浓园从2009年至2013年聚类了多元艺术门类，形成了门类族群，并基于门类发展开拓了餐饮娱乐和艺术教育业务（如图6–3所示）。

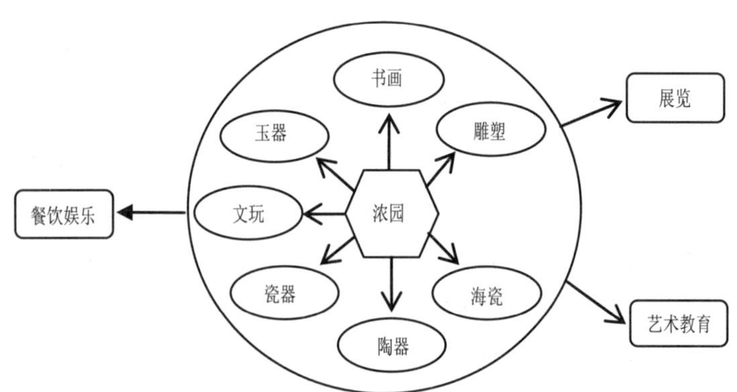

图6–3 2013年浓园艺术门类族群和业务单元图

（三）企业业务族群培育阶段（2014—2016年）

浓园基于网络关系的聚集培育了多元艺术门类，同时黏附了大量相关门类的网络关系群体，“但是原有的业务单元相对单一，因此无法承载这些门类的相关网络关系群体，更释放汇集的艺术门类的商业价值”。（NF1-6）浓园高层管理人员认为多元门类的培育为拓展多元业务单元提供了有力支撑。因此从2014年开始，浓园重点拓展多元业务单元，一方面实现经营目标，另一方面将门类与业务逐渐融会贯通，充分发挥了企业之前所累积的资源。基于书画、玉器、瓷器、文玩、陶器等传统门类的收藏价值，2014年浓园开拓收藏业务，专注于几大传统门类艺术品的收藏，为从事艺术展览、交易业务提供基础。另外，基于艺术村的艺术文化氛围、前期门类的基础以及配套的餐饮娱乐业务，浓园于2015年被授予唯一一个以艺术文化为背景的国家4A旅游景区，浓园业务增加了文化旅游业务，该业务的拓展促进浓园进一步与大众群体之间互动，与大众群体建立更直接的连接关系。在艺术门类培育方面，“摄影门类成为近几年艺术文化发展的热门门类，它极具普遍性，门槛较低，适合各类网络关系群体的介入”。（NF1-4）浓园管理层敏锐地捕获了该门类的发展空间，于2015年进行摄影门类的培育。

由于浓园多元门类的建立，因此吸纳了大量多元门类的艺术家，而这些艺术家不仅提升了浓园在艺术圈内的学术影响力，同时引起了国际艺术行业的艺术家和艺术机构组织对浓园的关注，“浓园借机在2016年初迅速推出国际驻园交换业务，主要将国内艺术家推向国际化，同时又吸纳国外艺术家入驻浓园，为浓园注入新的艺术家血液带来新的活力”。（NF1-5）浓园基于多元门类的积淀，在2016年顺势拓展文化购物业务以及原创设计业务。因此，浓园从2007年依托艺术村不断地进行业务的扩散，逐渐形成多元化业务单元。同时，这些业务开展针对的消费群体也逐渐发生转变：由最初针对少数人群逐渐走向大众群体呈倒金字塔形发展。截至2016年，浓园聚集了成熟的多元门类，并依托这些门类拓展了多元业务单元（如图6-4所示）。同年，由于国家对文化产业发展的倡导，成都市政府响应国家号召积极发展文化艺术产业，培育优质的艺术企业。因此政府对浓园进行长达两年多的考察，在2016年与其签订战略合作协议，政府划拨150亩土地以及出资10亿共同打造浓园国际旅游创业博览园，形成文创、文博、文旅跨界合作之旅。基于浓园聚集的门类和已有的业务单元打造“一带三区，两中心”的发展格局（一带：文化旅游生态带，其包含自然、人文、生态三大要素；三区：浓园收藏集群区、国际博物馆集群区、国际原创设计馆集群区；两中心：文创博览中心、浓园文创购物中心）。此时，浓园的发展步入一个新的台阶。

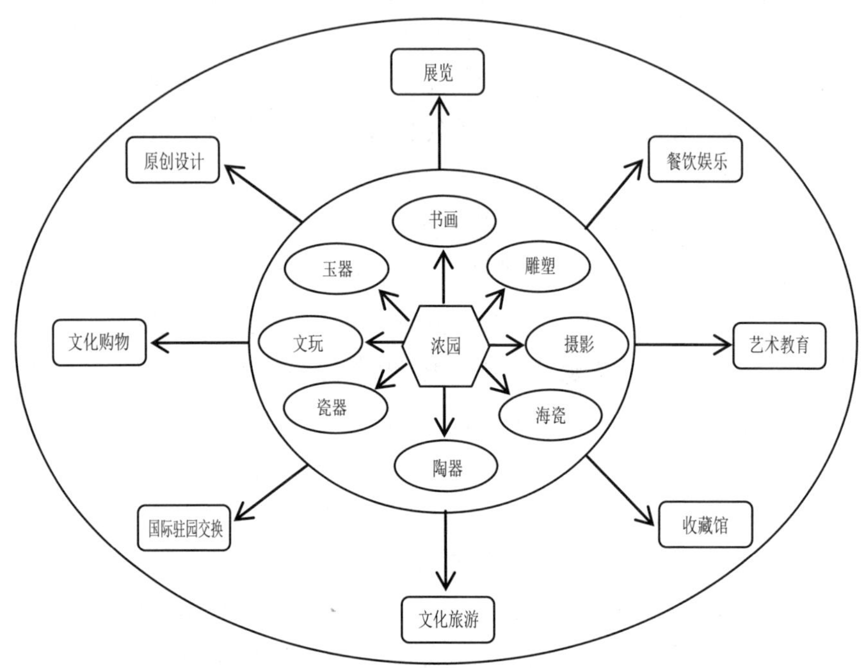

图6-4　2016年浓园艺术门类族群和业务单元图

第三节　研究发现

一、动能整合过程分析

（一）核心门类小圈层的培育

尽管浓园艺术村的创建者蒋林早期的职业发展经历未能涉及艺术行业，但其一直保持对艺术的追求，也正是原有职业在资金、土地资源以及房地产开发等资源的积累和艺术学习经历的优势，为浓园艺术村的创建奠定了良好的基础。因此，浓园基于物资上的积淀以及创始人蒋林与艺术家建立的网络关系创建了艺术村。“对于艺术村以后的发展会是怎么样，我并没有太多的设想，只想艺术村的成立是必需的，不然自己手上的这些资源都没有用武之地。”（NF1-1）由于蒋林在书画门类的学习经历，艺术村成立初期，企业管理层从战略上决定以书画门类作为尝试，即通过组织网络关系聚类行为汇集书画门类。由于浓园的艺术村是以为艺术家提供艺术创作空间为基础，同时著名书画艺术家程丛林的参与以及入驻，促使浓园快速地吸引了书画门类的几位著名艺术家以及大量青年书画艺术家的入驻，形成了以书画门类为主的圈子。因此，浓园依托艺术村通过其网络关系聚类行为发展书画门类，逐渐建立以书画为核心门类的小圈层，同时发挥集聚效应，吸附了入驻艺术家自身黏附的相关网络关系，并与这些网络关系建立直接或间接的连接。核心门类小圈层的形成是浓园该阶段最重要最成功的实验。艺术村运营生存方式是以收取艺术家租金以及相关服务费用为生，而艺术家的作品交易不仅影响艺术家的生存问题以及是否有资金缴纳租金，还影响艺术村是否能抵消日常的经营费用及满足基本的生存发展。同时，鉴于艺术家职业以及艺术行业的属性——艺术品交易主要依托艺术机构组织来实现。为了缓解艺术村生存的压力，浓园基于艺术村内的艺术家所黏附的网络关系和驻园艺术家产出的大量书画作品，通过利用浓园网络关系聚类行为建立的书画核心门类的小圈层拓展览业务，因为该业务既是对艺术家的推广，也是艺术品交易的重要手段。换句话说，浓园基于聚集的书画门类艺术家以及其艺术作品开展了展览业务，业务的开展促进浓园依托艺术家黏附的网络关系和自身发展过程中黏附的网络关系之间互动，经过彼此互动进一步吸引了新网络关系的加入，促进交易量的上升，这是组织网络关系扩散行为的表现。因此，组织通过网络关系扩散行为促进展览业务的发展，既缓解了生存的矛盾，又证实了网络关系聚类的核心门类是正确的探索。由此可见，浓园在核心业务小圈层培育阶段由于事业发展和生存压力，通过其网络关系聚类行为是网络关系实验、试错的过程，并通过此过程确定核心门类并形成小圈层网络关系，该网络关系圈层具有单一性和小范围的特征；浓园进一步通过网络关系扩散行为，利用网络关系聚类行为黏附的网络关系进行优化、迭代，进而开展展览业务，其业务具有单一性和投机性的特征。因此，浓园通过网络关系聚类与扩散双元行为之间的互动，推动书画门类与展览业务之间的平衡发展，进而提升组织应对生存压力的能力，缓解浓园当期的生存冲突并形成良性发展循环。（如图6-5所示，具体案例证据参照表6-4）。因此，本研究提出命题6.1：

新创组织网络关系能动行为包含网络关系聚类与网络关系扩散两种行为，二者具有冲突性，网络关系聚类与扩散行为之间的循环互动构建了悖论动态循环。 （6.1）

续表

表6-4　相关构念以及典型例证

核心构念	二阶概念	初始概念	典型例证	编码条目
网络关系行为	网络关系聚类	书画门类	基于总经理从艺学习的经历，对书画门类的网络关系进行聚焦，确定首先发展书画门类。（NF1-2）	12
	网络关系扩散	展览业务	对书画门类的网络关系进行利用延伸，开展展览业务促进艺术品的交易。（NF1-2）	10
悖论动态循环	行为平衡	书画门类为主展览业务为辅	通过网络关系探索确定了书画门类，通过门类黏附的网络关系拓展发展了业务，解决艺术村成长初期的困惑。（NF1-2）	11
动态能力	核心门类小圈层	书画门类圈	我们在书画门类形成了一个自己的圈子，让艺术村围绕书画门类活起来。（NF1-2）	8

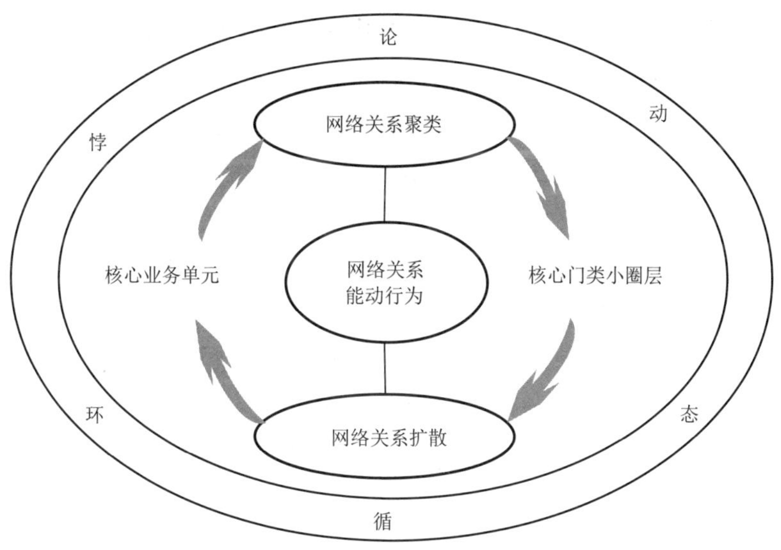

图6-5　网络关系聚类与扩散、核心门类与业务过程机理

（二）门类族群的培育

艺术行业是涉及多元门类的行业并且该行业极具投机性与时效性。比如书画门类中的现代书画作品在2005—2013年期间掀起了一股收藏浪潮，其在艺术市场表现异常火热，但在2014年开始快速滑坡，该类作品的市场前景一片惨淡，交易数量与交易额呈直线下降。同时，单一门类为组织创造的网络关系有明显的边界，这必然会限制企业对广泛网络关系的吸附，阻碍多元网络关系的互动，进而影响企业在互动中获取资源、机会。因而，组织培育多元门类成为对抗艺术市场风险最有利的方式。该阶段培育多元门类进而形成门类族群，使企业打破门类束缚的发展战略是极其关键的。借助前期艺术行业良好的发展态势，浓园实施门类族群的培育战略，以艺术村书画门类为依托，将企业的核心能力用于聚类多元门类。基于门类之间的差异（市场与学术）和互通性，通过网络关系聚类行为进行传统门类族群培育。同时，基于传统门类的属性以及行业发展的需求，进行门类的创新。在培育门类族群过程中不断尝试利用网络关系优势扩散相关业务，进而释放艺术门类的潜在价值并解决企业运营成本费用。本研究通过对浓园门类族群培育阶段的分析发现，企业主要通过网络关系聚类行为将多元门类的网络关系群体进行汇集，培育多元艺术门类，促进组织形成门类族群并依托其形成大范围的网络关系网。由于各门类汇集了大量艺术家，因此扩大了企业在艺术行业中的学术影响力，建立了行业话语权；同时，组织通过其网络关系扩散行为开展相关的业务，推动门类族群黏附的市场网络关系与组织之间产生交互促进交易形成，从而释放门类族群的部分市场属性，缓解组织因门类单一存在的经营风险。因此，组织通过网络关系聚类与扩散行为之间的互动推动组织建立门类族群以及行业内的话语权，并依托其优势拓展相关的业务以提升组织抗衡经营风险的能力，进而推动组织进入新的良性循环（如图6–6所示，具体案例证据参照表6–5）。因此，本研究提出命题6.2：

网络关系承载下新创组织网络关系聚类行为推动组织门类族群的培育，进而组织建立行业话语权。 （6.2）

（三）企业业务族群的培育

随着浓园艺术门类族群的生成，如何释放这些门类的市场属性是组织当前急需解决的问题，毕竟只有通过市场属性的释放才能将艺术价值推向螺旋式的良性发展（冷劲辉，2017）。尽管企业已经通过部分业务单元的开拓释放出小部分市场属性，但业务与门类的匹配度较低，比如餐饮娱乐与艺术门类本身的关联度是非常低的，餐饮娱乐业务的形成对艺术门类的艺术品交易形成的作用是非常小的。因此，前期浓园开展的业务并不能有效地释放门类族群的市场属性，其主要表现为承载市场属性的业务相对较少、已有业务与门类匹配度低、业务单元之间处于相对独立、缺乏互动的状态。此时，企业面临如何将网络关系聚类行为形成的门类族群优势有效利用，以缓解门类市场属性无法释放的矛盾，即艺术源头与艺术应用的矛盾。

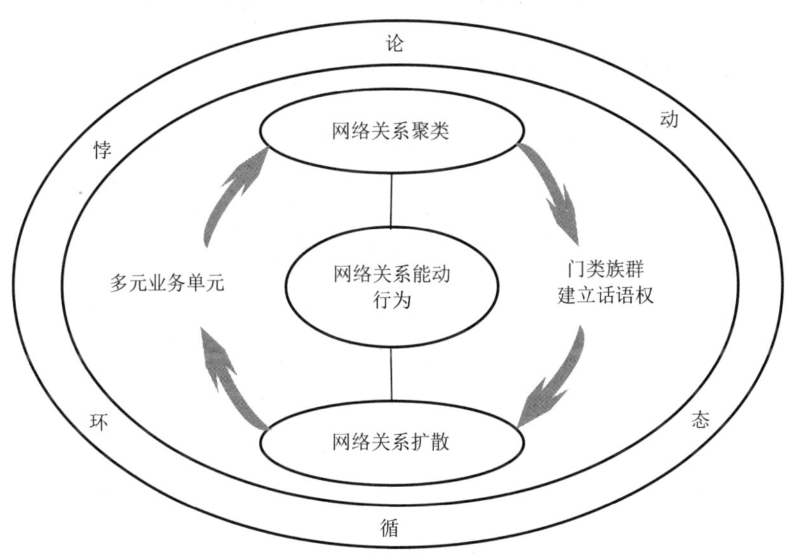

图6-6　门类族群培育机理

表6-5 相关构念以及典型例证

核心构念	二阶概念	初始概念	典型例证	编码条目
网络关系行为	网络关系聚类	传统门类汇集	我国传统文化的集聚让我们能应对多种的市场需求。（NF1–3）	16
		创新门类发展	传统门类之间的互通性能促进新的门类的产生，它能为我们带来更多艺术与市场的发展空间。（NF1–2）	13
	网络系扩散	衍生业务拓展	依托门类的汇集，我们尝试拓展了一些衍生业务，比如艺术教育。（NF1–6）	12
悖论动态循环	行为平衡	门类为主业务为辅	我们主要将各种门类的网络关系进行聚焦，让企业有足够多元的门类网络关系来应对门类单一所带来的经营风险。（NF1–2）	15
动态能力	门类族群	多元门类培育	多元门类的汇集形成了门类群层，具有强大的市场抗风险能力。（NF1–2）	18
	话语权	行业认同	门类的汇集无疑让更多机构、组织、个人认同了浓园。（NF1–1）	15

因此，从门类族群到业务族群的培育，浓园不仅要构建产业链，还要建立门类族群与业务族群之间良性的互动生态系统以实现企业可持续发展。根据战略布局，企业持续进行网络关系聚类行为，不断进行门类的实验、试错，进一步丰富、巩固门类族群以强化自身在行业的学术话语权以及影响力。另外，企业基于门类族群实施网络关系扩散行为，对门类族群所黏附的网络关系群体进行不断的优化、迭代，分析确定何种业务单元能够满足市场网络关系的需求，并能高效地释放门类族群的市场属性即业务与门类处于高匹配状态。一旦组织确定的业务单元被快速实施，浓园就开展与相关门类匹配度高的多元业务。同时业务单元之间又彼此相互支撑，比如开展的收藏馆既可支撑文化旅游业务，又可支撑文化购物业务，进而促进组织业务族群形

成。在该阶段浓园门类族群与业务族群之间完美结合形成良性发展的生态圈：门类族群为业务族群提供源头支撑，业务族群完美释放门类族群的市场属性即建立门类与市场融合的渠道，缓解艺术源头与市场无法有效融合的冲突。组织基于网络关系聚类与扩散行为可缓解组织成长压力，并促进组织进入新的悖论动态循环（如图6–7所示，具体案例证据参照表6–6）。因此，本研究提出命题6.3：

网络关系承载下新创组织网络关系扩散行为推动其业务族群的培育，进而建立艺术门类市场属性释放的渠道。（6.3）

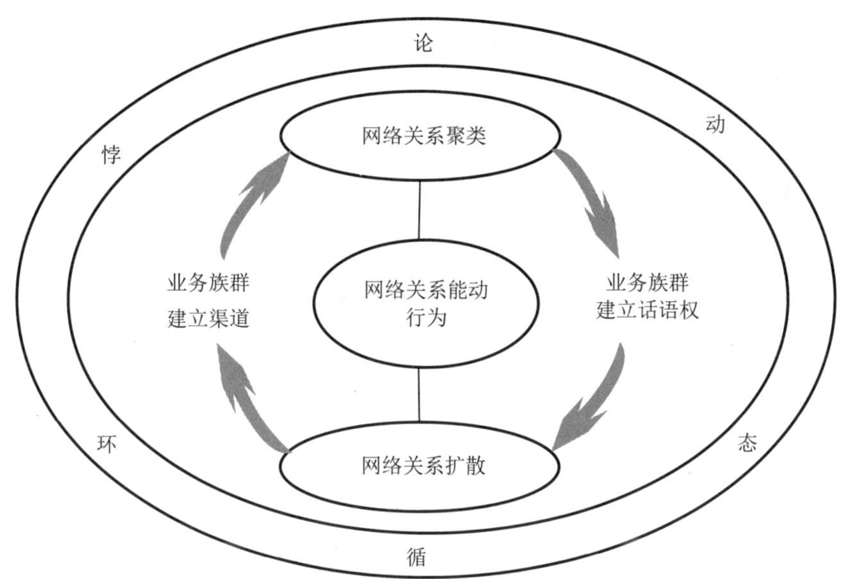

图6–7　企业业务族群培育机理

表6–6　相关构念以及典型例证

核心构念	二阶概念	初始概念	典型例证	编码条目
网络关系行为	网络关系聚类	丰富、巩固门类族群	市场需求是不断变化的，对门类的丰富是很有必要的。（NF1–2）	16

续表

核心构念	二阶概念	初始概念	典型例证	编码条目
网络关系行为	网络关系扩散	高度匹配的业务发展	各种艺术门类都有一个最适合的主导业务发展方向，这也最大可能地释放其市场属性。（NF1–3）	13
		衍生业务发展	在发展主要业务的方向上可以衍生出企业的副业。（NF1–5）	12
悖论动态平衡	行为平衡	业务为主门类为辅	我们主要将各种门类的网络关系进行聚焦，让企业有足够多元的门类网络关系来应对门类单一所带来的经营风险。（NF1–2）	15
动态能力	业务族群	多元门类培育	基于门类形成多元的业务发展，这些业务之间相互关联、具有互通性。（NF1–2）	17
	渠道建立	市场属性释放空间	门类与业务之间能够很顺畅地配合发展，也就是建立了艺术源头和市场应用的通道。（NF1–5）	15
	业态生态圈	门类族群与业务族群良性互动	门类与业务之间交织发展，互相互进，形成了一个良性的发展。（NF1–3）	14

二、新创企业动能整合作用机理分析

本研究通过对浓园网络关系能动行为（网络关系聚类行为和网络关系扩散行为）推动组织门类族群和业务族群形成的发展历程进行分析。艺术村是企业发展的核心资源基础，发挥蓄水池的功能，同时是浓园在艺术行业发展中吸附大量多元网络关系以及建立互动的关键纽带。依托艺术村这个“蓄水池”和纽带，浓园通过自主的网络关系聚类行为，经历实验、试错过程，在其发展早期建立起以书画门类为核心的核心小圈层。同时，浓园运用借力打力招式，通过优化、迭代门类所黏附的网络关系，组织能动地进行网络关系扩散行为拓展展览业务单元，实现企业运营的收支平衡，进而稳定运营艺术村当期形成的核心门类小圈层。因此在该阶段通过组织网络关系聚类与扩散的能动性以及建立的对立行为的互动即悖论动态循环凝聚核心资源实现动态能力的生成，建立了核心门类以及网络关系圈层，缓解了企业生存的冲突。在随后发展阶段，企业以核心门类和网络关系圈层为基础，密切关注市场动态和消费者需求变化，并通过组织网络关系聚类行为聚集多元的传统艺术门类，同时还创新发展了海瓷门类，最终形成门类族群，进而巩固了组织在艺术品行业中的话语权，进一步提升了其在艺术行业中的影响力。同时企业通过网络关系扩散行为不断优化、迭代艺术门类所黏附的网络关系，拓展配套业务，推动组织业务单元从单一转向多元。因此，此阶段企业再次通过其网络关系聚类与扩散能动的对立行为即建立悖论动态循环缓解了因市场竞争压力引发的门类单一的冲突。在第三阶段企业主要通过网络关系扩散行为将重心转移至对门类族群网络关系的利用，拓展业务单元，最终形成企业业务族群。由于门类族群与企业业务族群之间具有极高的关联性和匹配度，使二者有效对接，因而彼此之间达到良性互动状态，形成门类族群与企业业务族群生态圈：通过组织网络关系聚类与扩散能动行为以及彼此间循环互动推动其建立的门类族群为企业业务族群提供艺术源头支撑，企业业务族群为门类族群市场属性的释放建立渠道，两者形成良性循环，缓解了艺术源头与市场无法有效对接的冲突。因此，动态能力的提升贯穿整个悖论动态循环过程中，是企业进行网络关系聚类与扩散的双元行为不断调整门类与业务发展过程中缓解矛盾的保障，进而维持整个门类族群与企业业务族群良性生态循环，这也正体现了企业与环境互动过程中构建并释放动态能力的过程。因此，本研究提出组织关系能动的双元行为构建悖论循环过程中由内至外的释放动态能力作用机理过程模型（如图6–8所示）以及命题6.4：

新创组织网络关系聚类与扩散的双元行为持续的互动构建了悖论动态循环，促进组织生成自动调节机理进而释放网络关系背景下的动态能力。

（6.4）

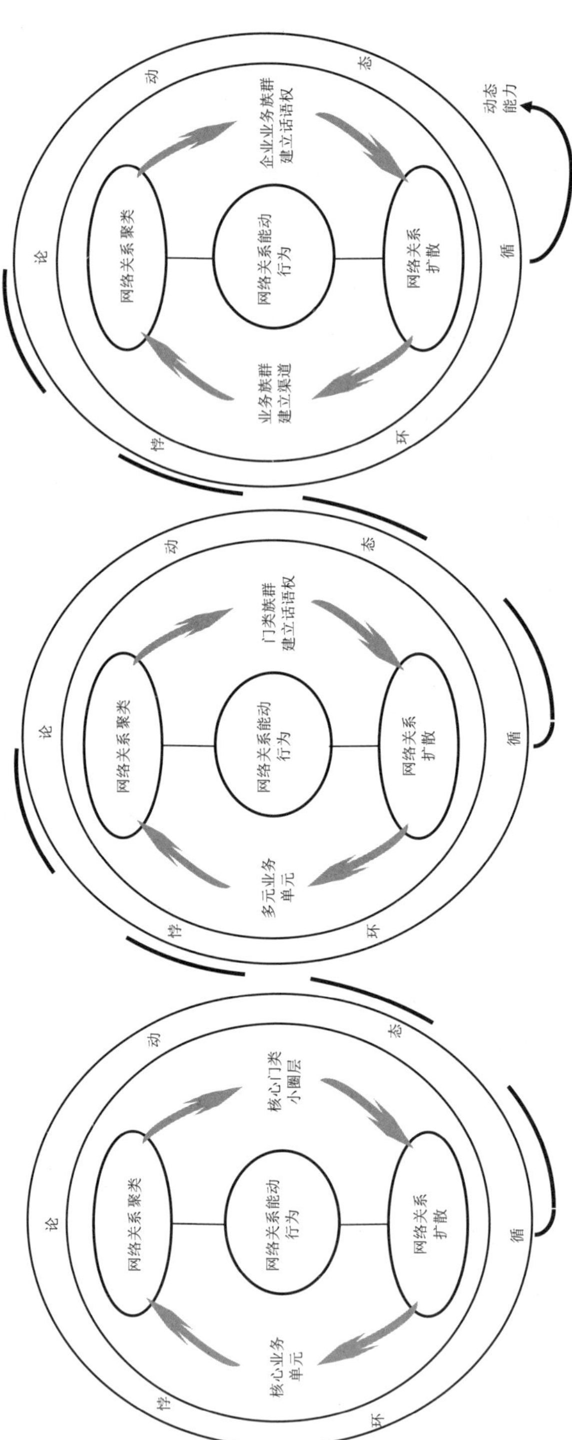

图6-8 网络关系行为、悖论动态循环与动态能力作用机理过程模型

第四节　研究讨论及结论

从以上分析得到网络关系行为与环境能动过程，即新创企业通过网络关系聚类与扩散双元行为的循环互动，构建了悖论动态循环，进而建构网络关系背景下新创企业由内至外动态能力释放的过程模型和相关命题。本研究详细阐述了新创企业发展过程中新创艺术机构组织网络关系能动的双元行为在应对不同阶段产生的冲突时，即组织通过网络关系聚类与扩散双元行为能动地应对外部动态环境时，动态能力由内至外释放的过程以及作用机理。同时，该研究对网络关系、悖论循环和动态能力带来新的启示。

一、新创企业网络关系能动行为对外部环境的响应

本研究促进企业对与环境互动过程中网络关系聚类、扩散行为与环境能动过程的理解。在组织与环境共同演化过程中，组织自身的适应性与能动性同样主导了组织的演化过程（Tan 和 Litschert，1994；Koza 和 Lewin，1998；Tan 和 Tan，2005），因而组织能动性行为是其适应行为后的连锁反应，即通过能动行为释放动态能力以应对外部动态环境。有学者提出组织与环境共演过程将企业间关系的网络化作为一种行为过程，又视为企业间互动的结果，进而提出组织特定适应行为与特定网络体系的相互匹配和交互作用以适应外部动态环境（吴结兵和郭斌，2010）。同时网络化又被视为一种能力，其在网络背景下网络关系的建构、维持和协作（Ritter 和 Gemünden，1999），这也被认为是关系能力（Vahlne 和 Johanson，2013）。然而，现有的研究是将

网络关系视为组织外部环境的组成因素，缺乏对基于网络情境下采用组织网络关系适应行为后，激活能动行为响应外部动态环境过程的理解。本研究基于悖论视角，解释了新创企业通过网络关系聚类与网络关系扩散行为以及企业不同阶段应对冲突动态过程中内在能动性的发挥，即新创企业运用网络关系聚类与网络关系扩散建立的动态均衡所形成的基础惯性承接冲突，进而可以通过持续的网络关系能动行为转移缓解企业外部动态环境形成的压力，这本质上是新创企业网络关系能动行为对外部动态环境的应对机理与过程。这一能动行为的动态能动过程也避免了仅仅由适应行为带来的负面效应，如组织网络关系的过度嵌入或不稳定的关系所带来的风险（Uzzi，1997），进而能使组织有效地避免外部环境不确定性的直接冲击（Thompson，1967）以及推动组织主动建立对外部环境的直接影响（Shu 和 Lewin，2016）。

二、新创企业网络关系聚类与扩散双元行为及其动态循环

本研究提出了新创企业网络关系行为与环境能动过程中的网络关系双元行为，以及互动过程，促进了对组织响应冲突的动态过程以及结果的理解。

首先，本研究提出了新创企业在特定情境下响应冲突的网络关系行为，即网络关系聚类与网络关系扩散，构建了网络关系情境下新的网络关系双元行为。Smith 和 Lewis（2011）提出双元行为是构建悖论动态平衡的关键因素，基于Duncan（1976）双元结构的研究，March（1991）认为组织在应对挑战的过程中需要采用双元行为实现组织目标。探索与利用是双元性理论中的关键组成（O'Relly 和 Tushman，2013），双元逻辑能促进组织在复杂外部环境中对矛盾的缓解以及实现既定目标（Lou 和 Rui，2009），但是需要组织对双元逻辑进行平衡（March，1991；Levinthal 和 March，1993）。对于网络关系承载下的研究，学者们指出组织通过网络中的行动提升机会的获得能力（罗家德，张田和任兵，2014），并通过网络关系耦合与脱耦的平衡得以实现（Granovetter，2002）。但这些研究并未涉及网络关系双元行为以及与组织演化过程内在机理的研究。本研究指出组织与环境互动过程中存在网络关系聚

类与网络关系扩散两种双元行为：网络关系聚类促进组织对网络关系更深度地挖掘，该行为是探索行为的表现；网络关系扩散促进组织形成多元网络关系，而网络关系多元化正是利用行为的表现（Powell，White，Koput，et al.，2005）。同时二者在组织与环境共演过程中呈交织互动状态，并通过持续的互动保持平衡状态。因而，网络关系聚类与网络关系扩散具有典型双元性行为的特征。因此，本研究通过组织网络关系行为与动态能力释放演化过程的研究，提出网络关系聚类与网络关系扩散行为是网络关系情境下的双元行为，为网络关系与双元性的研究提供一个全新的方向。

其次，本研究加深了新创企业网络关系聚类与扩散双元行为应对冲突而构建悖论动态循环过程的理解。Smith 和 Lewis（2011）提出悖论冲突均衡模型中战略决策以及行为决定冲突发展结果，而双元行为能够促使冲突的缓解或转移（Andriopoulis 和 Lewis，2009；Lou 和 Rui，2009；王建刚和杜义飞，2016）。响应冲突不仅是一个静态的过程，也是一个动态的均衡过程。但当前少有研究涉及组织网络关系的双元行为建构动态均衡的过程。本研究将组织与网络关系同时作为客观的同一主体，当组织与环境互动时，通过新创企业内在网络关系能动行为，利用已具备的资源、能力对冲突的响应，同时持续地保持两对立方之间的动态互动（Schad，Lewis 和 Raisch，2016），即新创企业网络关系聚类与扩散的双元行为不断地进行调整，促进二者行为处于平衡状态，同时组织克服在不同时期出现的困难，通过二者的平衡不断释放潜在的资源、激活潜在的能力，推动新创企业缓解不同阶段所面临的冲突，构建了一个良性的悖论动态循环过程。因此，本研究通过对新创企业网络关系聚类与扩散双元行为的研究打开了悖论动态均衡循环过程的黑箱，为网络关系与悖论均衡理论的研究提供了新的研究方向。

三、新创企业网络关系能动行为促进动态能力由内至外释放的过程

本研究促进通过网络关系视角对动态能力释放过程的理解。网络关

系是能力产生的源泉（Mahmood，Zhu 和 Zajac，2011），其多元性与动态性的属性对组织获取关键能力产生了重要作用（Laurell，Achtenhangen 和 Andersson，2017），大量定量研究证实了网络关系与动态能力之间的关系：网络关系属性是动态能力与绩效的中介变量，动态能力是网络关系与绩效的中介变量（董保宝，2012；王栋，魏泽龙和沈灏，2011；林亚清和赵曙明，2013）。但当前研究更多是以静态的角度进行研究，而动态能力在企业与环境互动时呈动态的状态并贯穿整个发展过程，需要组织不断地借助资源的整合、重构、释放得以实现（Teece，Pisano 和 Shuen，1997；Danneels，2011；许晖，邓伟升，冯永春等，2017）。本研究发现悖论视角下网络关系能动的双元行为对冲突的应对，激发了组织内在能动性，并持续地释放企业潜能（Smith 和 Lewi，2011），进而组织由内至外释放动态能力，同时该发现很好地解释了介于工业组织与社会组织之间的组织与环境互动过程中，网络关系行为逐渐促进组织建立自适应机理，即组织的能力不断释放的过程，这也是对组织发展惯性的揭示。因此本研究重新发展了悖论视角下网络关系能动行为促进新创企业由内至外动态能力形成、释放的过程模型，这对网络关系和动态能力的理论是一种创新的研究与发展。

参考文献

[1] 陈池瑜.现代艺术学导论[M]. 北京：清华大学出版社，2005.

[2] 陈晓萍，徐淑英，樊景立，等.组织与管理研究的实证方法[J].土木工程师学会会刊，2008，161(6)：359–360.

[3] 董保宝.网络结构与竞争优势关系研究——基于动态能力中介效应的视角[J].管理学报，2012，9(1)：50–56.

[4] 林亚清，赵曙明.构建高层管理团队社会网络的人力资源实践，战略柔性与企业绩效——环境不确定性的调节作用[J].南开管理评论，2013，16(2)：4–15.

[5] 冷劲辉.中国民营美术馆商业模式创新——一个双元价值主张模型[D].成都：电子科技大学，2017.

[6] 罗家德，张田，任兵.基于“布局”理论视角的企业间社会网络结构与复杂适应[J].管理学报，2014，11(9)：1253–1264.

[7] 王栋，魏泽龙，沈灏.转型背景下外部关系网络，战略导向对战略变化速度的影响研究[J]. 南开管理评论，2011，(6)：76–84.

[8] 吴结兵，郭斌.企业适应性行为，网络化与产业集群的共同演化——绍兴县纺织业集群发展的纵向案例研究[J].管理世界，2010，(2)：141–155.

[9] 许晖，邓伟升，冯永春，等.品牌生态圈成长路径及其机理研究——云南白药 1999—2015 年纵向案例研究[J].管理世界，2017，(6)：122–140.

[10] Andriopoulos C，Lewis M W. Exploitation–exploration tensions and organizational ambidexterity：managing paradoxes of innovation[J]. *Organization Science*，2009，20(4)：696–717.

[11] Danneels E. Trying to become a different type of company：dynamic

capability at Smith Corona[J]. *Strategic Management Journal*, 2011, 32(1): 1–31.

[12] Duncan R B. The ambidextrous organization: designing dual structures for innovation[J]. *The Management of Organization*, 1976 (1): 167–188.

[13] Eisenhardt K M. Building theories from case study research[J]. *Academy of Management Review*, 1989, 14(4): 532–550.

[14] Galunic D C, Eisenhardt K M. The evolution of intracorporate domains: divisional charter losses in high–technology, multidivisional corporations[J]. *Organization Science*, 1996, 7(3): 255–282.

[15] Glaser B, Strauss A. The discovery ofgrounded theory[J]. London: Weidenfeld and Nicholson, 1967, 24(25): 288–304.

[16] Glaser B G, Strauss A L, Strutzel E. The discovery of grounded theory: strategies for qualitative research[J]. *Nursing Research*, 1967, 17(4): 377–380.

[17] Granovetter M. *A theoretical agenda for economic sociology*[M]. New York: Pussell sage foundation, 2002.

[18] Gulati R, Sytch M, Tatarynowicz A. The rise and fall of small worlds: exploring the dynamics of social structure[J]. *Organization Science*, 2012, 23(2): 449–471.

[19] Koza M P, Lewin A Y. The co–evolution of strategic alliances[J]. *Organization Science*, 1998, 9(3): 255–264.

[20] Langley A. Strategies for theorizing from process data[J]. *Academy of Management Review*, 1999, 24(4): 691–710.

[21] Laurell H, Achtenhagen L, Andersson S. The changing role of network ties and critical capabilities in an international new venture's early development[J]. *International Entrepreneurship and Management Journal*, 2017, 13(1): 113–140.

[22] Levinthal D A, Marc J G H. The myopia of learning[J]. *Strategic Management Journal*, 1993, 14(S2): 95–112.

[23] Luo Y, Rui H. An ambidexterity perspective toward multinational enterprises from emerging economies[J]. *The Academy of Management Perspectives*, 2009, 23(4): 49–70.

[24] Mahmood I P, Zhu H, Zajac E J. Where can capabilities come from? Network ties and capability acquisition in business groups[J]. *Strategic Management Journal*, 2011, 32(8): 820–848.

[25] March J G. Exploration and exploitation in organizational learning[J]. *Organization Science*, 1991, 2(1): 71–87.

[26] Marshall C, Rossman G B. *Designing qualitative research*[M]. Landon: Sage Publications, 2014.

[27] O'Reilly C A, Tushman M L. Ambidexterity as a dynamic capability: resolving the innovator's dilemma[J]. *Research in Organizational Behavior*, 2008 (28): 185–206

[28] O'Reilly C A, Tushman M L. Organizational ambidexterity: past, present, and future[J]. *The Academy of Management Perspectives*, 2013, 27(4): 324–338.

[29] Pfeffer J, G R. Salancik. *The external control of organizations: a resource dependence approach*[M]. New York: Harper and Row Publishers, 1978.

[30] Powell W W, White D R, Koput K W, et al. Network dynamics and field evolution: The growth of interorganizational collaboration in the life sciences[J]. *American Journal of Sociology*, 2005, 110(4): 1132–1205.

[31] Ritter T, Gemünden H G. Network competence: its impact on innovation success and its antecedents[J]. *Journal of Business Research*, 2003, 56(9): 745–755.

[32] Schad J, Lewis M W, S Raisch, et al. Paradox research in management science: looking back to move forward[J]. *Academy of Management Annals*,2016, 10(1): 5–64.

[33] Schreyögg G, Kliesch–Eberl M. How dynamic can organizational capabilities be? Towards a dual–process model of capability dynamization[J]. *Strategic Management Journal*, 2007, 28(9): 913–933.

[34] Shu E, Lewin A Y. A resource dependence perspective on low–power actors shaping their regulatory environment: the case of Honda[J]. *Organization*

Studies，2017，38(8)：1039–1058.

[35] Smith W K，Lewis M W. Toward a theory of paradox：adynamic equilibrium model of organizing[J]. *Academy of Management Review*，2011，36(2)：381–403.

[36] Tan J J，Litsschert R J. Environment–strategy relationship and its performance implications：an empirical study of the Chinese electronics industry[J]. *Strategic Management Journal*，1994，15(1)：1–20.

[37] Tan J，Tan D. Environment–strategy co–evolution and co–alignment：a staged model of Chinese SOEs under transition[J]. *Strategic Management Journal*，2005，26(2)：141–157.

[38] Teece D J. Explicating dynamic capabilities：the nature and microfoundations of (sustainable) enterprise performance[J]. *Strategic Management Journal*，2007，28(13)：1319–1350.

[39] Teece D J，Pisano G. The dynamic capabilities of firms：an introduction [J]. *Industrial and Corporate Change*，1994，3(3)：537–556.

[40] Thompson J D. *Organizations in action*：*social science bases of administrative theory*[M]. Chicago：Transaction Publishers，1967.

[41] Uzzi B. Social structure and competition in interfirm networks：the paradox of embeddedness[J]. *Administrative Science Quarterly*，1997，42(1)：35–67.

[42] Vahlne J E，Johanson J. The Uppsala model on evolution of the multinational business enterprise–from internalization to coordination of networks[J]. *International Marketing Review*，2013，30(3)：189–210.

[43] Yin R K. *Casa study research*：*design and methods(4th)*[M]. London：Sage Publications，2002.

[44] Yin R K. *Case study research*：*design and methods*[M]. London：Sage Publications，2003.

第七章　结论与展望

本研究在第一章给出了整体的研究设计方案和研究分析逻辑框架。第二章梳理网络关系、悖论视角、双元性和动态能力等的相关文献。第三章阐述了第四章、第五章、第六章关于网络关系、悖论视角和动态能力理论形成的整体框架和分析逻辑。第四章采用fsQCA方法从个体层面探索并检验了新创企业关键主体艺术家的网络关系行为对环境的适应过程，揭示了新创企业关键主体运用不同角色网络关系行为和网络关系属性实现能力提升的路径以及影响关系，即个体层面网络关系行为与环境适应过程，对动态能力释放前提条件由外至内积累的过程。第五章采用纵向对比案例研究从组织层面探索了在新创企业网络关系演化过程中，组织学术与市场网络关系冲突行为通过权变式或悖论式响应方式对新创企业发展影响的作用机理过程。该过程同样反映了组织网络关系行为对环境的适应过程，即对动态能力释放前提条件由外至内积累的过程。基于第四章、第五章的研究基础，第六章通过纵向单案例研究探索了新创企业网络关系能动行为（网络关系聚类和网络关系扩散）之间的循环互动，建构了悖论动态循环进而推动新创企业动态能力由内至外释放过程以及作用机理，揭示了新创企业网络关系行为对环境能动的过程。本研究将给出本研究的主要研究结论、理论与管理启示，以及当前研究的不足和对未来研究的展望。

第一节 主要结论

基于本研究的核心研究问题：网络关系行为的悖论循环过程如何释放动态能力？通过从个体和组织层面分别对网络关系行为与环境适应过程的研究发现，新创企业内部的关键行为主体和组织这两个层面的网络关系适应环境过程中的冲突行为，建立悖论循环过程实现网络关系优化、释放潜在，进而完成新创企业由外至内对动态能力释放前提条件的积累。同时，本研究进一步探索了新创企业通过网络关系能动行为如何影响组织由内至外动态能力的释放，即通过组织层面网络关系行为与环境能动过程的研究发现，新创企业网络关系能动行为中的网络关系聚类与网络关系扩散行为通过建立悖论动态循环过程而促进组织不断地释放潜能，激活潜在，进而实现新创企业由内至外地释放动态能力。由此，本研究的研究结果表明新创企业网络关系适应行为转向能动行为过程中，冲突行为进行不断的平衡、不断的互动，其过程中构建了悖论动态循环，进而实现组织动态能力前提条件的积累和释放，即重构了网络关系背景下新创企业由外至内到由内至外的动态能力释放过程。

第一，通过fsQCA研究方法对收集的来自新创艺术机构组织中的艺术家角色转换与网络关系再造对能力提升的数据进行分析，进而从个体层面探索并检验了新创企业关键主体基于悖论视角通过网络关系适应行为对学术能力与市场能力提升的路径以及影响关系。本研究提出，新创企业关键主体在适应外部环境过程中，存在两种冲突角色的网络关系行为，即个体角色网络关系行为与组织角色网络关系行为，网络关系的多样性和强度的属性使网络关系变得更加动态化，同时这种动态变化的状态使新创企业关键主体不断面临新的网络关系，因此通过悖论视角建立双元角色网络关系行为，即只有同时采用个体与组织角色网络关系行为，才能建立更具有包容性、韧性的网络关系空间，才能激活网络关系释放更多的潜能，进而推动学术与市场的提升，即组织动态能力释放前提条件由外至内积累的过程。

第二，运用纵向双案例对比方法，从组织层面探索了悖论视角下网络关系动态演化过程中新创企业网络关系适应行为如何影响动态能力释放的前提条件的积累过程以及作用机理。本研究发现，艺术机构组织面临着学术与市场的发展，而两者发展存在冲突性，从而引致了新创企业学术网络关系行为与市场网络关系行为，二者行为同样具有冲突性，响应这组冲突行为的方式有权变式与悖论式。研究的案例企业在经历相同的网络关系动态演化路径时分别运用了不同的响应方式进而产生了不同的行为结果。具体来说，首先企业在最初阶段具有相同认知：对网络关系进行聚焦即采用悖论式响应方式同时发展学术与市场，利用自身已经具备的先前条件来创造相同的情境。在大环境良好的状态下，网络关系由网络关系聚焦转向网络关系扩散过程中，组织为实现学术或市场某一方的发展而采用权变式的响应方式使得某一方面的网络关系网快速发展，同时由于学术与市场两者之间的内在关系，快速发展的一方同时也促进另一方的发展；而采用悖论式的响应方式同样使得两方面的网络关系都在发展，但其发展不及权变式的效果。因此，本研究提出网络关系“聚焦—扩散”过程中，权变式与悖论式的响应方式均对新创组织学术与市场的发展有推动作用，相比之下权变式比悖论式的推动作用更为显著。在大环境处于不稳定状态时，组织前期通过悖论式响应方式促进学术与市场的黏附性增强，且任何一方的变化都会积极促进另一方的变化，两者之间处于良性互动状态；前期采用权变式响应方式促使学术与市场之间割裂状态越发明显，两者之间处于恶性循环。因此，本研究提出网络关系“扩散—收缩”过程中，权变式导致学术与市场网络关系的负向作用，阻碍新创组织发展；悖论式推动学术与市场网络关系深度融合有正向作用，推动新创组织发展。

第三，运用纵向单案例研究方法探索了组织层面悖论视角下新创企业网络关系能动行为如何建立动态能力由内至外的释放过程以及作用机理。本研究发现，新创企业网络关系能动行为存在两种冲突行为：网络关系聚类和网络关系扩散。随着新创企业的发展与成长，矛盾也不断地出现并呈动态变化。组织通过网络关系聚类与网络关系扩散的行为响应成长过程中的冲突。首先，企业成长初期通过网络关系聚类行为建立核心门类小圈层、网络关系扩散行为实现核心业务的开展，进而解决当期的生存压力。因而，本研究提出网络关系行为由网络关系聚类与网络关系扩散组成，二者具有冲突性，新创企业通过网络关系聚类与扩散行为之间的互动构建悖论动态循环。随着生存压力转换为竞争压力，企业通过网络关系聚类行为建立门类族群以及通过网络关系扩散行为拓展衍生业务，进而缓解因为门类单一带来的经营风险。因此，本研究提出在企业与环境互动过程中，新创企业网络关系聚类行为推动组织门类族群的培育，并促进组织建立行业话语权。最后，由于门类族群的形成需要建立释放门类族群价值的渠道，企业通过网络关系扩散建立企业业务族群并通过网络关系聚类丰富门类族群，缓解门类族群价值释放的压力，即企业与环境互动过程中组织网络关系扩散行为推动其业务族群的培育、建立艺术门类市场属性释放的渠道。新创企业通过在网络关系聚类与扩散行为之间不断平衡与权衡，实现冲突的不断转移并保持动态的互动，建立悖论动态循环，整个循环过程中组织的动态能力不断形成、释放，最终建构了动态能力由内至外的释放。因此，组织与环境互动过程中新创企业网络关系聚类与扩散的双元行为持续不断地互动构建悖论动态循环，促进企业生成自动调节机理，进而推动网络关系背景下由内至外动态能力释放。

第二节　新创企业成长动能整合的研究启示

本研究对新创企业在网络关系嵌入、悖论视角下组织悖论动态循环释放潜在以及组织动态能力释放带来新的启示。

一、促进新创企业网络关系行为的理解

本研究促进了对网络关系以及嵌入性的理解，主要体现在两个方面：（1）本研究建构网络关系背景下新创企业网络关系适应行为与能动行为以及对应的具体行为；（2）基于悖论视角，本研究建构了网络关系背景下的双元行为。

先前诸多研究关注了网络关系的构成、属性、作用（Ahuja等，2012；Mariotti 和 Delbridge，2012；Granovetter，1973，1985；Burt，1992；Uizz，1997，1999），也更多地将网络关系作为组织与外部环境互动过程中取得优异绩效的现实条件，将网络关系作为调节因素，并未将组织与网络关系视为同一主体进行研究。相关研究表明，网络关系嵌入使组织建立起企业间的信任、信息共享，以及提升对知识获得的深度与广度，进而影响网络关系对优异绩效的获得（许冠男，2008）。同时，有学者从网络结构嵌入探讨了结构性嵌入对技术创新、知识流入与创新绩效、产业集群创新网络的结构性嵌入对集群企业创新绩效的影响（郑登攀和党兴华，2012；谢洪明等，2012；范群林等，2010）。这些研究的共同特征是将网络作为调节变量。另外，随着网络动力学的发展，网络化被认为是个体与组织提高绩效的重要方式。网络化是个体与组织应对外部复杂环境作出自适应的自主建构过程，反映了组织与环境之间的互动以及与网络共同演化的思想（March，1991；Tan 和 Litsschert，1994）。有学者就网络关系嵌入国际化过程的研究指出：网络化过程中内外部环境被认为是一种网络特征，网络化被认为是组织的一种动态能力，它包含了在网络情景下去建构、维持和协调关系的能力（Ritter，1999；Vahlne 和 Johanson，2013）。在应对外部动态环境时，企业网络化被认为是企业适应性的行为能推动集群发展。集群网络化的过程更体现了企业为获得高绩效从探索式战略转向利用式战略的过程，即促进集群发展的效率与效益平衡过程（吴结兵和郭斌，2010）。

由于外部环境日益的不确定性，环境更多干扰了组织的网络关系以及网络中的资源、机会的出现与获取，因而组织需要建立网络中的行动逻辑（罗家德等，2014）。通过网络环境对社会网络的影响以及网络关系的动态变化，

对网络和资源进行建构性逻辑（Sarasvthy，2009），寻求创造机会的行为和竞争优势行为以及二者平衡的过程（Ireland等，2003）。在适应复杂系统时组织自身的适应性与能动性交替主导，当前围绕网络关系的研究更多是集中与组织的适应性行为，网络中的行动逻辑正是适应关系的行为表现，也是组织追求长期的复杂适应（Padgett 和 Powell，2012）。建构性逻辑体现了组织在适应环境过程中的能动性（Sarasvthy，2007），但当前的研究并未有涉及。本研究在组织与环境互动过程中，将网络关系与组织视为同一行为主体，提出不仅需要在竞争的网络关系中建构行动逻辑，而且明确提出网络关系适应行为与网络关系能动行为，以研究组织与环境共演过程中其如何实现长期的生存与发展。因而，通过新创企业网络关系适应与能动行为，可以更清晰地理解网络关系如何影响组织动态能力释放。如本研究发现，新创企业从网络关系的适应行为推动组织对动态能力释放的前提条件的积累，为组织网络关系能动行为提供基础，进而实现组织由内至外的动态能力释放。

Duncan（1976）的研究表明，通过探索与利用的双元结构建构双元组织来实现企业管理能力的改变。随着外部环境日益的动态化，组织双元性也越来越多地被运用在组织响应动态环境行为方面的研究（Gibson 和 Birkishaw，2004），大量的研究也证实了双元性对组织绩效提升、适应和生存的影响（March，1991；Tushman 和 O’Reilly，1996；Simth 和 Tushman，2005；Simsek，2009）。有研究将网络关系视为环境因素，探讨其对双元性能力的影响，并指出网络关系嵌入过程中网络关系的多样性和组织所处网络的中心度影响了组织获得双元性的能力，网络关系多元化和网络中心度程度越高，越更有利于组织双元性的形成。同时双元制度逻辑融合研究表明，网络关系中的强关系有利于巩固某种逻辑，弱关系将会削弱该种逻辑（Greenwood等，2011）。尽管当前研究探讨了网络关系与组织双元性形成的影响，但是缺乏对组织网络关系行为以及双元性特征的探究。

在网络关系视角下，本研究提出了新创企业应对外部环境过程中的适应行为和能动行为。首先，在适应行为中分别从个体与组织层面探讨了网络关系行为，具体表现为：在个体层面，新创企业关键主体具有个体与组织的两种角色形式，并且通过建立双元角色网络关系行为的动态循环激活网络关系潜在的释放。在过往研究中有学者关注到高层管理者双元角色对组织处理战略管理中冲突问题的影响作用（Smith 和 Tushman，2005）；董事会成员的双元角色对组织短期和长期的影响（Kaya 和 Banerjee，2015）；在网络媒体中用户的消费者和供应商的双元角色对市场的冲击（Purwanegara 和 Garnida，2015），这些研究更多探讨双元角色对绩效的影响，而缺乏组织通过构建双元角色行为如何激活网络关系推动行为主体能力提升的机理研究。在组织层面，其应对外部动态环境时存在学术网络关系行为和市场网络关系行为，通过权变式和悖论式的响应方式探讨了二者给新创企业能力提升带来的不同影响。过往研究更多强调权变式或悖论式响应方式的各自优势，将二者独立讨论，本研究研究在不同情境下二者响应方式对网络关系演化的影响，探讨了其对组织生存与发展的优、劣势。因而，在新创企业网络关系适应行为中，分别从个体层面构建了个体与组织角色网络关系的双元行为和组织层面学术与市场网络关系双元行为。其次，在新创企业网络关系能动行为中，Granovetter（2002）提出通过平衡脱耦与耦合建立最优网络关系适应复杂系统，组织通过网络关系扩散可以形成大范围的网络关系网（Powell等，2005），而网络扩散、网络互动、网络巩固、网络收缩四种形式推动网络关系的动态变化（Koka等，2006），尽管这些研究提出了推动网络关系演化的手段，但并未明确是怎样的网络关系行为与环境能动过程，以获得资源、机会促进组织成长。本研究表明，新创企业网络关系聚类行为促进组织更深度地对网络关系的挖掘，这是探索行为的表现；网络关系扩散促进新组织形成多元网络关系，而网络关系多元化正是利用行为的表现（Powell等，2005）。因而，本研究提出了新创企业网络关系聚类和网络关系扩散是具有双元性的双元行为的观点。

二、明晰悖论视角下新创企业的潜在释放

本研究促进了悖论视角下新创企业如何建构悖论动态循环，进而持续释放潜在的理解。Smith 和 Lewis（2011）指出组织通过主动地接受悖论并运用悖论管理策略，进而建立组织的动态均衡，从而使组织进入良性的动态

环境并获得可持续发展。在整个动态均衡过程中，其促进了组织的柔性与强韧性，释放了潜在，激发了组织对矛盾冲突的需求管理。尽管如此，由于悖论的动态性可推动组织获得意料之外的结果（Hargrave 和 Van de Ven, 2017）并持续释放潜在，当前研究依旧缺乏对悖论动态性的理解（Sched等, 2016），特别是将网络关系与组织作为同一主体，网络关系冲突行为如何在竞争网络中建立悖论动态均衡的过程。

本研究揭示了新创企业网络关系行为实现并保持悖论动态均衡的动态过程，促进了对悖论动态性的理解。当前有关悖论的研究主要集中在应对冲突的管理策略方面（Lewis，2000；Poole 和 Van de Ven，1989；Sched等，2016），而这些不同的响应策略和防范都依赖于特定的情境，而不是冲突类型和响应的策略、方法彼此一一对应（Jarzabkowski等，2013）。这也间接地传递出当前的研究所提出的相关策略并不一定适合所有的组织。同时，尽管过去的研究已表明组织通过拥抱冲突、接受冲突，采用区别于整合的迭代管理策略来响应冲突进而形成良性循环的动态过程（Smith 和 Lewis，2011），但是缺乏基于网络关系视角下，网络关系行为所构成的动态过程的理解，比如网络关系行为随着冲突的变换如何形成动态均衡过程。本研究探索了新创企业网络关系适应行为和能动行为中涉及的冲突行为通过双元行为的互动建构了悖论动态均衡过程。具体来说，新创企业在面临冲突时，比如网络关系冲突行为、企业发展涉及的学术与市场冲突，其从认知上接受冲突的持续存在，拥抱冲突，并在此基础上，利用自身所具备的资源、挖掘潜在资源响应冲突，进而将难以直接应对的冲突转换成可驾驭的冲突。新创企业面临网络关系的冲突行为时（如个体与组织角色网络关系行为、学术与市场网络关系行为、网络关系聚类与扩散行为）通过保持两对立面冲突的相互依存，并维持两对立面进行持续的互动，在一段时间内保持相对平衡，进而实现冲突的转移建立悖论动态均衡。同时，本研究从网络关系行为建立的悖论动态循环模型中描述了在循环过程中冲突与响应行为随着时间变化的循环状态（Jarzabkowski等，2013）。网络关系适应行为和能动行为的响应过程是一个动态的过程，反映了组织在应对冲突上一贯的不一致模式，激活组织更多的潜在，释放更多的潜能，进而形成一个良性的反馈循环，最终实现整体的良性循环。因而，本研究提出的网络关系行为建构的悖论动态循环过程可以有效地解释新创企业如何实现持续的潜在释放。

此外，新创企业网络关系行为将双元行为嵌入在应对冲突的悖论动态循环过程之中，如组织对学术与市场发展的平衡，组织需始终保持网络关系行为间的双元动态平衡与循环（Simsek，2009）。换句话说，本研究发现，不管是适应行为还是能动行为中的网络关系，涉及的双元行为都是随着时间动态变化的，彼此之间不断地互动，在一段时间内保持平衡，才能推动企业激活更多潜在网络关系，释放潜在，进而建立双元行为的动态平衡。因此，新创企业网络关系行为的悖论均衡过程促进了组织双元性的建构与保持，为探讨嵌入在竞争网络中的组织双元性研究提供了一个纵向的过程视角，即超越了先前对双元性的静态分析（O'Reilly 和 Tushman，2013；Jarzabkowski等，2013），也为网络关系、悖论与双元性的理论研究开辟了一个新的方向。

三、探析网络关系背景下动态能力释放

本研究的研究促进了对企业动态能力释放的理解，主要体现为将网络关系、悖论动态循环视角引入：（1）新创企业动态能力释放的前提条件由外至内的积累过程；（2）揭示了网络关系背景下新创企业动态能力由内至外的释放过程。

先前很多研究关注了动态能力的定义、内涵和分类、动态能力的维度（Dixon 等，2014；Eisenhardt 和 Martin，2000；Teece，2007；Teece等，1997；Zollo 和 Winter，2002），也更多强调动态能力要素与维度间的动态互动（Tecce，2007；Teece等，1997）。同时，相关研究也识别了动态能力的内部与外部驱动因素（Donada等，2016）。这些研究表明了动态能力需要组织不断对内部资源和自身能力进行调整。这也间接暗含组织需要积淀一定的能力才能形成、发展动态能力。换句话说，动态能力释放的前提条件是组织通过一段时期的发展使组织在自身能力上有所储备，进而才能释放动态能力。尽管当前研究解释了动态能力需要通过各种要素与维度之间的互动以及内外部驱动因素对动态能力的影响，但是缺乏动态能力形成、释放之前前提条件

积累过程的研究。

本研究是将网络关系视角嵌入到新创企业动态能力的研究中，以研究网络关系行为如何释放组织动态能力。网络关系理论被视为用来解释组织与环境互动关系的一种方法，其将网络环境特征与组织间关系纳入到同一个视角下。在网络关系视角下，组织内外部能力的发展与其网络关系是密不可分的，组织正式和非正式网络关系形成合作，进而使组织整合不同的资源和培养、提升能力（Koka 和 Prescott，2002；章威，2009）。同时本研究进一步融合了悖论与双元视角，揭示了组织网络关系适应行为的悖论循环过程对动态能力释放的前提条件积累过程以及内在作用机理，即组织的动态能力由具有悖论冲突的网络关系适应行为之间的互动并保持均衡过程所释放。过去研究指出网络关系是组织获得能力发展的关键（Mahmood等，2011），尤其是组织关键能力的培养与发展（Laurell等，2017）。其他研究表明了网络关系对推动企业动态能力开发与建构，以适应外部动态环境有重要作用（Tiwana，2008），如章威（2009）的研究表明，组织的动态能力形成过程来源于网络关系的嵌入。但这些研究仅仅考察了网络关系嵌入性对组织动态能力的影响，并未考虑从网络关系行为揭示动态能力的构建过程以及作用机理。同时，过去的研究多以定量检验网络关系与动态能力之间的关系（Rothaermel 和 Hess，2007；董保宝，2012），较少探索网络关系行为对动态能力释放的前提条件积累的过程。本研究表明，新创企业通过网络关系嵌入，并通过网络关系适应行为之间建立的悖论循环过程，如通过个体层面平衡个体与组织角色网络关系行为、组织层面通过学术与市场网络关系行为的权衡，实现动态能力释放的前提条件积累。

Teece等（1997）的研究表明，动态能力的最初逻辑是面对外部动态变化的环境，企业如何由内至外地快速适应。动态能力依赖于外部环境特征而产生，进而提升企业持续的竞争优势（Protogerou等，2012）。随着竞争日趋加剧，动态能力需要整合外部环境，可以通过企业运营能力及适应性动态能力的发展促进可持续能力及创新性动态能力的生成（Dixon等，2014）。同时，有研究指出动态的网络关系是复杂的、多元的，让企业面临一个更加复杂的环境（罗家德等，2014）。在竞争的网络中组织需要建构行为逻辑以适应和能动地应对外部环境。因为网络关系的行动逻辑是组织获得能力的源泉，并使组织获得关键能力（Mahmood等，2011；Laurell等，2017）。由于网络关系的动态、多元的属性需要组织通过脱耦与耦合的方式平衡管理网络关系的疏密程度，进而获得最优网络（Granovetter 2002；罗家德等，2014）。这就提出了网络关系构建动态能力过程中面临着悖论冲突，如耦合和脱耦（Granovetter，2002）、大范围与小世界网络关系（Powell等，2005）。动态能力是聚焦于有效地平衡探索与利用的适应过程（Wang 和 Ahmed，2007）。March（1991）研究指出探索与利用的有效平衡对企业而言是具有挑战的，但是保持他们的平衡对组织生存发展至关重要。然而当前研究尽管通过定量实证方法检验了网络关系与动态能力之间的关系，也探讨了网络关系对动态能力生存的影响，但是未能揭示组织具有悖论冲突的网络关系能动行为与构建动态能力由外至内到由内至外释放的动态过程。

在网络关系视角下，新创企业通过网络关系能动行为——网络关系聚类与网络关系扩散双元行为的平衡，驱动了组织“由内至外”的构建能力。从组织网络关系适应行为激活新创企业关键主体对组织能力的培养，到组织在网络关系动态演化过程中学术与市场网络关系行为通过权变与悖论响应方式推动组织发展，实现网络关系行为与环境适应过程对动态能力释放的前提条件的积累，这是“由外至内”积累的逻辑。进一步地，在竞争网络中组织能动性的行为引发了网络关系聚类与网络关系扩散的冲突行为，建立悖论动态均衡的过程，进而持续地激发企业潜能释放，能动性地构建不同网络关系网和应对企业发展所需的能力，最终建立网络关系能动行为、悖论动态循环与动态能力释放间的良性循环。在动态过程中的中间机理与悖论动态循环过程都包含了时间与反馈循环（Todorova 和 Durisin，2007），进一步将网络关系、悖论视角和动态能力纳入同一视角下解释动态能力释放的动态过程。因而，本研究揭示网络关系视角下动态能力释放的分析框架，打开了动态能力更为复杂的形成过程的机理黑箱。

第三节　阐明新创企业成长动能整合研究的管理实践

随着企业成立，网络关系也同时存在，即网络关系与企业是共同演化，因而本研究有助于培养企业管理者正确进行网络关系的战略管理。在进入信息时代、互联网时代、知识型企业时代、知识爆炸时代、产业剧变时代的当下，企业内外具有战略意义的网络组织成为阻击企业规模扩大的有力武器，以网络组织为基础的企业战略关系成为企业战略优势创造的重要基础。在过去的研究与实践中，讲究采用规划的视角来进行企业的管理，通过执行的方式去落地，进而达到新创企业适应动态环境。但该种方式已经不能很好地适应高度不确定性的环境了，阻碍了新创企业的生存与发展。当前的研究证实企业应对环境过程中需要保持能力的动态性和柔性，并在该过程中实现对环境的适应，即动态能力释放前提条件由外至内的积累和对环境的能动过程，也就是动态能力由内至外释放。不管是组织还是个体层面，通过网络关系的承载，促进新组织能力的叠加，保持行为主体之间活跃的交互，通过悖论层面保持了组织活性，构建了蓄水池的功能，实现动态能力释放，高效响应了当前环境的高度不确定性。那么新创企业该如何根据自身经营发展状况，进行网络关系的管理才能建构最具有竞争的网络关系呢？尤其是本研究选定的艺术行业是具有典型性的行业，其具有典型的双元价值逻辑以及涉及多元的网络关系，而现实存在相似特性的行业，如教育行业、医疗行业等，这些企业如何通过对网络关系的管理实现组织的可持续发展？

首先，本研究经由文献回顾对网络关系的发展历史、属性、应用范围进行了探讨，同时在理论模型建构中，从组织网络关系的具体行为方面，采用定量和定性研究方法分析研究了网络关系演化过程中网络关系适应与能动行为如何释放组织动态能力，并提出相关命题以及构建了理论模型。这些研究结论均有助于新创企业明确网络关系的不同属性（强度、多样性、持久性、互动频率等）、不同类型网络关系以及网络关系动态演化时网络关系发展的平衡对新创企业发展的重要性以及对其的认知，更有利于新创企业围绕企业关键主体的网络关系管理、企业关键能力提升（比如市场和学术能力提升），以及在企业成长过程由于外部动态环境变化产生的各种冲突、所需不同能力以及能力的进阶等方面进行网络关系建立、培养、发展以及整合利用等方面的战略管理。

其次，企业管理者应培养双元思维与悖论思维，保持悖论式的认知，这是管理者的核心能力，有助于管理者准确把控在复杂环境系统中存在的对立但又互补的冲突，加强新创企业对存在的悖论式冲突与矛盾进行动态管理，这有助于新创企业从多元的角度获取信息、资源和机会，也有利于在快速发展过程中保持适度的稳定性。同时，由于组织内外部环境的动态变化，管理者也必须情景化地观察、思考和响应问题，同时由于内外部环境的变化，所引致的冲突以及对立的要素都可能发生变化，因而在建立响应行动中需要及时做出调整。在动态转换过程中，平衡转换冲突并不意味对他们进行抑制或是消除，而是通过缓和当前冲突对组织造成的影响。另外，在新创企业建立悖论动态循环时，需要企业管理创造良好的组织环境与条件，比如进行组织经营管理结构的调整、高管团队建设、信息科技技术的运用。

最后，新创企业在追求生存与成长过程中在考虑如何由内至外地释放动态能力的同时，也必须做好组织动态能力释放的前提条件积累，这是动态能力由内至外释放的基础。新创企业内部积累基础越深厚，越有利于提高成长绩效（余红剑，2017）。本研究通过个体与组织两个层面分析提出新企业运用网络关系适应行为建立悖论动态循环，促进组织在市场与学术能力的提升，这有助于新创企业明确网络关系影响组织基本能力提升的作用机理。随后，本研究分析新创企业网络关系能动行为建立悖论动态循环激活组织动态能力由内至外释放的过程以及作用机理，从而有助于新创企业更好地对动态能力的培养、释放，并实施有效的管理手段。例如，通过企业能力培养最佳网络关系的同时，应特别重视制定并实施有利于进行组织发展、学习的各种机理与制度等，以利于企业更好地、积极主动地进行组织间的互动与学习等。

第四节　研究局限与未来展望

尽管本研究围绕研究主题作出了许多努力，并取得了一定的重要发展，但是由于受到知识结构、研究能力以及研究条件的客观因素影响，本研究依旧存在许多不足之处，具体如下：

首先，本研究提出了新创企业的组织网络关系行为——网络关系适应行为与能动行为分别基于悖论视角下如何释放新创企业动态能力的过程以及作用机理，但未能对网络关系演化过程中建立最佳网络的具体网络关系对象进行详细的分析。换句话说，本研究关注了网络关系动态演化的过程对动态能力影响的过程机理，但是未能在案例分析过程中具体分析网络关系中涉及的节点（对象）。因而，未来需要进一步深入地探索在网络关系动态演化过程中，具体的网络关系节点（对象）之间是如何转变的，更为微观地深入细致地讨论其对网络关系演化的影响。

其次，在第四章中本研究通过对新创企业关键行为主体、艺术家群体的数据收集，采用fsQCA方法探索并检测角色转换与网络关系再造实现能力提升的路径以及影响关系。在变量选取方面采用了扎根研究方法进行核心构念——角色转换、网络关系再造和能力提升。出于对计量简化模型，突出拟研究的主要变量间关系等考虑，本研究中对网络关系属性的选择主要考虑了多样性、强度，而当前对于网络关系属性是比较多的，而且这些干扰效应也是客观存在的。因此，对变量的选择方面带有一定的局限性，在未来的研究过程中不妨在此研究基础上继续引入一些新的干涉变量，考察企业网络关系与能力提升的路径以及影响关系。

最后，研究结论的适用性也存在一定的局限。本研究的结论是以艺术行业中新创艺术机构组织为研究对象而产生，因此，其结论对非艺术行业的企业是否适用，应持谨慎态度。由于本研究的样本是西南地区的，而地域、经济发展水平等因素对艺术机构组织成长存在一定的影响，因而，对本研究结论是否适用于其他地区还有待进一步的研究。因此，本研究结论的使用范围亦保持谨慎态度，避免将其过度放大。

参考文献

[1] 董保宝.网络结构与竞争优势关系研究——基于动态能力中介效应的视角[J].管理学报，2012，9(1)：50–56.

[2] 范群林，邵云飞，唐小我，等.结构嵌入性对集群企业创新绩效影响的实证研究[J].科学学研究，2010，28(140)：12.

[3] 罗家德，张田，任兵. 基于“布局”理论视角的企业间社会网络结构与复杂适应[J].管理学报，2014，11(9)：1253–1264.

[4] 吴结兵，郭斌. 企业适应性行为，网络化与产业集群的共同演化——绍兴县纺织业集群发展的纵向案例研究[J].管理世界，2010，(2)：141–155.

[5] 谢洪明，赵华锋，张霞蓉.网络关系嵌入与管理创新绩效之间的关系——基于知识流入的视角[J].技术经济，2012，31(5)：18–23.

[6] 许冠南.关系嵌入性对技术创新绩效的影响研究——基于探索型学习的中介机理[D].杭州：浙江大学，2008.

[7] 余红剑.新创企业成长动能整合[M].北京：经济日报出版社，2017.

[8] 章威.基于知识的企业动态能力研究：嵌入性前因及创新绩效结果[D]. 杭州：浙江大学，2009.

[9] 郑登攀，党兴华.网络嵌入性对企业选择合作技术创新伙伴的影响[J].科研管理，2012，33(1)：154–160.

[10] Ahuja G，G Soda，Zaheer A. The genesis and dynamics of organizational networks[J]. *Organization Science*，2012，23(2)：434–448.

[11] Duncan R B. The ambidextrous organization：designing dual structures for innovation[J]. *The Management of Organization*，1976，(1)：167–188.

[12] Dixon S, Meyer K, Day M. Building dynamic capabilities of adaptation and innovation: a study of micro-foundations in a transition economy[J]. *Long Range Planning*, 2014, 47(4): 186–205.

[13] Donada C, Nogatchewsky G, Pezet A. Understanding the relational dynamic capability-building process[J]. *Strategic Organization*,2016, 14(2): 93–117.

[14] Eisenhardt K M, Martin J A. dynamic capabilities: what are they?[J]. *Strategic Management Journal*, 2000, 21(10/11): 1105–1121.

[15] Gibson C B, Birkinshaw J. The antecedents, consequences, and mediating role of organizational ambidexterity[J]. *Academy of Management Journal*, 2004, 47(2): 209–226.

[16] Granovetter M. The strength of weak ties[J]. *American Journal of Sociology*, 1973, 78(6): 1360–1380 .

[17] Granovetter M. Economic action and social structure: the problem of embeddedness [J]. *American Journal of Sociology*,1985, 91(3): 481–510.

[18] Granovetter M. *A theoretical agenda for economic sociology*[M]. New York: Pussell sage foundation, 2002.

[19] Greenwood R, Raynard M, Kodeih F, et al. Institutional complexity and organizational responses[J]. *Academy of Management Annals*, 2011, 5(1): 317–371.

[20] Hargrave T J, A Van de Ven H. Integrating dialectical and paradox perspectives on managing contradictions in organizations[J]. *Organization Studies*,2017, 38(3–4): 319–339.

[21] Ireland R D, Hitt M A, Sirmon D G. A model of strategic entrepreneurship: the construct and its dimensions[J]. *Journal of Management*, 2003, 29(6): 963–989.

[22] Jarzabkowski P, Lê K J, Van de Ven A H. Responding to competing strategic demands: how organizing, belonging, and performing paradoxes coevolve[J]. *Strategic Organization*, 2013, 11(3): 245–280.

[23] Koka B R, Madhavan R, Prescott J E. The evolution of interfirm

networks: environmental effects on patterns of network change[J]. *Academy of Management Review*, 2006, 31(3): 721–737.

[24] Koka B R, Prescott J E. Strategic alliances as social capital: a multidimensional view[J]. *Strategic management journal*, 2002, 23(9): 795–816.

[25] Kaya H, Banerjee G. The short–term and long–term impacts of Sarbanes–Oxley Act on composition and characteristics of corporate board of directors[J]. *International Journal of Financial Management*, 2015, 5(4): 9–17.

[26] Lewis M W. Exploring paradox: Toward a more comprehensive guide[J]. *Academy of Management Review*, 2000, 25(4): 760–776.

[27] Laurell H, Achtenhagen L, Andersson S. The changing role of network ties and critical capabilities in an international new venture's early development[J]. *International Entrepreneurship and Management Journal*, 2017, 13(1): 113–140.

[28] Mahmood I P, Zhu H, Zajac E J. Where can capabilities come from? Network ties and capability acquisition in business groups[J]. *Strategic Management Journal*,2011, 32(8): 820–848.

[29] March J G. Exploration and exploitation in organizational learning[J]. *Organization Science*, 1991, 2(1): 71–87.

[30] O'Reilly C A, Tushman M L. Organizational ambidexterity: past, present, and future[J]. *The Academy of Management Perspectives*, 2013, 27(4): 324–338.

[31] Padgett J F, Powell W W. *The emergence of organizations and markets*[M]. New Jersey: Princeton University Press, 2012.

[32] Powell W W, D White R, Koput K W, et al. Network dynamics and field evolution: The growth of interorganizational collaboration in the life sciences[J]. *American Journal of Sociology*, 2005, 110(4): 1132–1205.

[33] Protogerou A, Caloghirou Y, Lioukas S. Dynamic capabilities and their indirect impact on firm performance[J]. *Industrial and Corporate Change*, 2011,

21(3)：615–647.

[34] Purwanegara M S，Garnida N. *An overview of social network activity in jkarta for promoting fashion brand* [C]. 2015 Global Fashion Management Conference at Florence，2015.

[35] Ritter T，Gemünden H G. Network competence：its impact on innovation success and its antecedents[J]. *Journal of Business Research*，2003，56(9)：745–755.

[36] Rothaermel F T，Hess A M. Building dynamic capabilities：innovation driven by individual，firm，and network–level effects[J]. *Organization Science*，2007，18(6)：898–921.

[37] McFadyen M A，Cannella A A. Social capital and knowledge creation：diminishing returns of the number and strength of exchange relationships[J]. *Academy of Management Journal*，2004，47(5)：735–746.

[38] Sarasvathy S D. *Effectuation：elements of entrepreneurial expertise*[M]. New York：Edward Elgar Publishing，2009.

[39] Schad J，Lewis M W，Raisch S，et al. Paradox research in management science：looking back to move forward[J]. *Academy of Management Annals*，2016，10(1)：5–64.

[40] Simsek Z. Organizational ambidexterity：towards a multilevel understanding[J]. *Journal of Management Studies*，2009，46(4)：597–624.

[41] Smith W K，Tushman M L. Managing strategic contradictions：a top management model for managing innovation streams[J]. *Organization Science*，2005，16(5)：522–536.

[42] Smith W K，Lewis M W. Toward a theory of paradox：adynamic equilibrium model of organizing[J]. *Academy of Management Review*，2011，36(2)：381–403.

[43] Tan J J，Litsschert R J. Environment–strategy relationship and its performance implications：an empirical study of the Chinese electronics industry[J]. *Strategic Management Journal*，1994，15(1)：1–20.

[44] Teece D J，Pisano G，Shuen A. *Dynamic capabilities and strategic management*[M]. New York：Knowledge and Strategy，1999.

[45] Teece D J, Pisano G. The dynamic capabilities of firms: an introduction[J]. *Industrial and Corporate Change*, 1994, 3(3): 537–556.

[46] Tiwana A. Do bridging ties complement strong ties? An empirical examination of alliance ambidexterity[J]. *Strategic Management Journal*, 2008, 29(3): 251–272.

[47] Todorova G, Durisin B. Absorptive capacity: valuing a reconceptualization [J]. *Academy of Management Review*, 2007, 32(3): 774–786.

[48] Tushman M L, O'Reilly C A. Ambidextrous organizations: managing evolutionary and revolutionary change[J]. *California Management Review*, 1996, 38(4): 8–29.

[49] Uzzi B. Social structure and competition in interfirm networks: the paradox of embeddedness[J]. *Administrative Science Quarterly*, 1997, 42(1): 35–67.

[50] Uzzi B. Embeddedness in the making of financial capital: how social relations and networks benefit firms seeking financing[J]. *American Sociological Review*, 1999, 64(4): 481–505.

[51] Vahlne J E, Johanson J. The Uppsala model on evolution of the multinational business enterprise–from internalization to coordination of networks[J]. *International Marketing Review*, 2013, 30(3): 189–210.

[52] Wang C L, Ahmed P K. Dynamic capabilities: a review and research agenda[J]. *International Journal of Management Reviews*, 2007, 9(1): 31–51.

[53] Zollo M, Winter S G. Deliberate learning and the evolution of dynamic capabilities[J]. *Organization Science*, 2002, 13(3): 339–351.

附录　半结构化访谈纲要

相关概念解释

情感关系：个体层面包含了有血缘关系的亲人和朋友，组织层面包含了合伙人。

层级关系：个体层面包含了雇主，组织层面包含了监管机构。

市场关系：个体层面包含了商业产生交易的关系，组织层面包含了交易者和竞争者。

相关关系：个体层面包含了机构或是其他的个体，组织层面包含了机构组织和商业机构组织。

一、艺术家的基本情况

个人信息背景

1. 您的性别：□男　　□女

2. 您的年龄：□25岁以下　　□26～30　　□31～40　　□41～50
　　□51～60　　□61岁及以上

3. 您的学历：□高中（或中专及以下）　　□大专
　　□本科　　□研究生及以上

4. 您的艺术启蒙方式：□专业艺术学院学习　　□民间拜师学艺

5. 您从事艺术工作的年限：

□1～5年 □6～10年 □11～20年

□21～30年 □31～40年 □41年及以上

6. 您是哪类艺术家：□职业画家 □业余爱好者

如业余爱好者具体职业是________

7. 您获得了哪些头衔职称（多选）：

□市区艺术协会会员 □省艺术协会会员

□国家艺术协会会员 □其他________

8. 你是哪类艺术门类（多选）：

□书法家 □油画家 □国画家

□篆刻家 □木刻家 □雕塑家

□唐卡 □其他________

9. 您的作品主要价位（每件）：

□0.5万元以下 □0.5万～1万元 □1万～2万元

□2万～5万元 □5万～10万元 □10～50万元

□50万～100万元 □100万元以上 □其他________

10. 您的作品目前主要面向区域：

□省内 □全国 □国内外

11. 您的作品面向市场主要依靠（可多选）：

□自身 □独立经纪人

□独立机构（如画廊、艺术馆等机构） □其他________

二、学术与市场提升过程中网络关系特征

1. 您如何看待在您生活、事业、学业等不同环境中人与人之间的关系？

2. 从艺术家角度出发，您怎样理解艺术与社会是一个紧密的关系？

3. 面临多元、复杂的关系时，您通过怎样的角色来处理这些关系？这些角色如何影响您艺术作品的学术性和市场性？

4. 艺术家从艺之路的几个阶段，每个阶段的关键事件及其涉及的人物关系有哪些？

5. 艺术职业发展的不同发展阶段中，艺术的学术与市场提升的方式有哪些？

6. 您现在所处的艺术学术和市场的圈层中主要接触的人物关系具体有

哪些？

7. 在已被收藏的艺术品中，对您职业发展有重要影响的作品有几件？请详细介绍每一件作品创作到交易过程中主要涉及的人物关系有哪些。

8. 您在2014—2016年期间新创作品中自我评价比较满意的作品有多少（排名前8位）？每件作品从构思到创作完成的过程中主要涉及的人物关系有哪些？

9. 在艺术的学术提升过程中，哪些关系对您起到了关键性的作用？哪些关系有阻碍作用？这些关系是如何影响的？

10. 在艺术的市场认可过程中，哪些关系对您起到了关键性的作用？哪些关系有阻碍作用？这些关系是如何影响的？